新媒体运营

主　编　吕晓辉　姜海晨　彭焕伟
副主编　吕佳蔚　王　靓　王　哲　高雯钰
参　编　王珊珊　任桐慧　宫　旭　崔英女
　　　　杜思逸　张飞飞　张　琳　董诗化
　　　　王可阳（排名不分先后）

北京理工大学出版社
BEIJING INSTITUTE OF TECHNOLOGY PRESS

内容提要

"新媒体运营"是一门旨在培养学生运用新媒体技术进行网络传播和品牌营销的重要能力的课程。本书立足于新媒体运营的实际需求,旨在帮助学生全面了解新媒体的基本概念、发展趋势和运营策略,掌握新媒体营销的核心技能,提高信息传播和品牌营销的实践能力。本书分为五个项目,每个项目分为多个任务,每个任务配备实践训练习题。本书特色包括案例导入、边学边练、课堂讨论、案例广角镜等,以帮助学生更好地理解和运用新媒体运营的理论知识。本书适用于高职院校相关专业学生,也可作为新媒体运营和数字营销工作人员的参考书。

版权专有 侵权必究

图书在版编目(CIP)数据

新媒体运营 / 吕晓辉,姜海晨,彭焕伟主编.
北京:北京理工大学出版社,2024.7.
ISBN 978-7-5763-4369-4

Ⅰ.G206.2

中国国家版本馆 CIP 数据核字第 2024SW8195 号

责任编辑:施胜娟	文案编辑:施胜娟
责任校对:周瑞红	责任印制:李志强

出版发行 / 北京理工大学出版社有限责任公司
社　　址 / 北京市丰台区四合庄路 6 号
邮　　编 / 100070
电　　话 / (010)68914026(教材售后服务热线)
　　　　　(010)68944437(课件资源服务热线)
网　　址 / http://www.bitpress.com.cn

版 印 次 / 2024 年 7 月第 1 版第 1 次印刷
印　　刷 / 北京广达印刷有限公司
开　　本 / 787 mm×1092 mm　1/16
印　　张 / 12.25
字　　数 / 288 千字
定　　价 / 96.00 元

图书出现印装质量问题,请拨打售后服务热线,负责调换

前　言

党的二十大报告中指出："巩固壮大奋进新时代的主流思想舆论，加强全媒体传播体系建设，塑造主流舆论格局。"这为新时代媒体工作提供了根本遵循和工作指南。本书编写团队深入学习贯彻党的二十大精神，以习近平新时代中国特色社会主义思想为引领，全面贯彻习近平文化思想，以研究新媒体发展传播优势为切入点，深入推进媒体深度融合发展，加快建设全媒体传播体系，传播好党的声音，讲好中国故事。

"新媒体运营"紧跟时代脉搏，不仅反映了当今社会信息化、数字化的趋势，更培养学生运用新媒体技术，进行网络传播和品牌营销的能力。本书立足于新媒体运营的实际需求，旨在帮助学生全面了解新媒体的基本概念、发展趋势和运营策略，掌握新媒体营销的核心技能，提高信息传播和品牌营销的实践能力。

本书分为五个项目：项目一新媒体运营认知，培养学生的新媒体运营思维，增强学生对新媒体运营的认知，激发学生对新媒体运营的兴趣；项目二新媒体文案写作，加强学生对新媒体文案的认知和了解，培养学生新媒体文案写作工作的基本素养；项目三新媒体视觉设计，培养学生新媒体运营的视觉设计思维，增强学生对色彩搭配的认知，激发学生对新媒体运营设计技巧的兴趣；项目四新媒体视频制作，激发学生对利用剪映软件进行设计的兴趣，培养学生对视频编辑的设计思维；项目五新媒体信息安全，培养学生自觉遵守与信息活动相关的法律法规，抵制网络上各种不良信息的诱惑，提高自我保护和预防违法犯罪的意识。本书每个项目又分为多个任务，每个任务配备了实训和练习。在编写体例上，增加了案例导入、边学边练、课堂讨论、案例广角镜等特色板块，让学生更好地理解和运用新媒体运营的理论知识。

本书由吕晓辉、姜海晨、彭焕伟担任主编；由吕佳蔚、王靓、王哲、高雯钰担任副主编。王珊珊、任桐慧、宫旭等参与编写工作，参编排名不分先后。具体编写分工如下：

彭焕伟、吕佳蔚编写项目一；王靓、董诗化、张飞飞编写项目二；吕晓辉、宫旭、高雯钰、张琳编写项目三；王珊珊、任桐慧、崔英女编写项目四；杜思逸、王可阳、王哲编写项目五。吕晓辉负责全书的整体设计工作，姜海晨、吕佳蔚负责全书统稿整理工作。

本书适用于高职院校相关专业学生，也可作为从事新媒体运营和数字营销工作人员的参考书目。希望本书能够成为学生学习新媒体运营的重要工具，为未来职业发展打下坚实的基础。

最后，衷心感谢所有为本书编写和出版提供支持及帮助的专家和同人们。祝愿所有学习使用本书的同学们能够取得优异成绩。同时，希望本书能够为新媒体运营领域学习者提供全面、系统的知识体系支撑，促进新媒体运营教学不断发展与进步！

目录 Contents

项目一　新媒体运营认知
【学习目标】 ································· 1
　　［知识目标］ ····························· 1
　　［能力目标］ ····························· 1
　　［情感目标］ ····························· 1
【案例导入】故宫淘宝 ····················· 1
【案例分析】 ································· 2
任务一　认识新媒体运营 ···················· 3
【课堂讨论】 ································· 3
【知识准备】 ································· 3
　　一、新媒体的定义 ······················· 3
【案例广角镜】 ······························ 4
【知识准备】 ································· 4
　　二、新媒体的特点 ······················· 4
　　三、新媒体的作用 ······················· 5
【案例广角镜】文创项链意外"出圈"，博物馆入驻
　　抖音电商让文物"活"起来 ········ 6
【知识准备】 ································· 7
　　四、新媒体运营的定义 ················· 7
【边学边练】 ································· 7
任务二　认知新媒体营销 ···················· 7
【案例导入】酱香拿铁 ····················· 7
【案例分析】 ································· 8
【知识准备】 ································· 8
　　一、新媒体营销的定义 ················· 8
　　二、新媒体营销的特点 ················· 9
　　三、新媒体营销的方式 ················· 9
【案例广角镜】王老吉推出姓氏图腾罐 ······ 10
【课堂讨论】分析××领域/产品中的营销思维及其
　　优势特点 ···························· 10

任务三　感知新媒体理念 ··················· 11
【案例导入】"张艺谋老师逝世"，缺的是"的"，
　　更是"德"！ ························ 11
【案例分析】 ································ 11
【知识准备】 ································ 11
　　一、新媒体运营思维 ·················· 11
【案例广角镜】优酷推出乡村爱情盲盒 ····· 12
【知识准备】 ································ 13
　　二、新媒体运营素养 ·················· 13
【边学边练】 ································ 13
项目实训　市场调研 ······················· 14
项目练习 ····································· 14

项目二　新媒体文案写作
【学习目标】 ································ 16
　　［知识目标］ ···························· 16
　　［能力目标］ ···························· 16
　　［情感目标］ ···························· 16
【案例导入】换种方式看"北宋第一网红"苏轼的
　　人生，治好了我的精神内耗 ······· 17
【案例分析】 ································ 17
任务一　认识新媒体文案 ··················· 18
【课堂讨论】 ································ 18
【知识准备】 ································ 18
　　一、新媒体文案的概念 ··············· 18
　　二、新媒体文案的特点 ··············· 19
【案例广角镜】迎合用户喜好的蜂花，让更多人相信
　　国货迎来了最好的发展时机 ······· 19
【知识准备】 ································ 21
　　三、新媒体文案的类型 ··············· 21

· I ·

【案例广角镜】小度正能量广告，发挥文案的魔力 …………………………… 22
　　【边学边练】 ……………………… 22
　任务二　撰写新媒体文案 …………… 22
　　【课堂讨论】 ……………………… 22
　　【知识准备】 ……………………… 23
　　　一、新媒体文案结构设计 ……… 23
　　【案例广角镜】为她打拼的时光有一大把，能陪她的童年只有这一小段 ……………… 24
　　【知识准备】 ……………………… 25
　　　二、新媒体文案标题拟定 ……… 25
　　【案例广角镜】又"翻车"了！新媒体人应该知道这几个标题原则！ ………………… 28
　　【知识准备】 ……………………… 30
　　　三、新媒体销售文案写作 ……… 30
　　【案例分析】天猫购物平台文案——美的即热式饮水机 ……………………………… 31
　　【知识准备】 ……………………… 35
　　　四、新媒体传播文案写作 ……… 35
　　【案例分析】【白酒】跨界的浓香冰淇淋，今年中秋有惊喜 …………………………… 37
　　【知识准备】 ……………………… 39
　　　五、微信平台文案写作 ………… 39
　　【案例分析】微信公众号标题及封面设计分享——三福、猫的天空之城概念书店 …… 41
　　【案例分析】微信公众号"中华财险"写作文案 ……………………………………… 41
　　【知识准备】 ……………………… 42
　　　六、微博平台文案写作 ………… 42
　　【案例分析】微博平台写作文案——江小白品牌推广活动 …………………………… 44
　项目实训　文案写作 ………………… 46
　项目练习 ……………………………… 46

项目三　新媒体视觉设计
　【学习目标】 …………………………… 48
　　[知识目标] ………………………… 48
　　[能力目标] ………………………… 48
　　[情感目标] ………………………… 48

　【案例导入】电影《芭比》新媒体色彩营销 …… 49
　【案例分析】 ……………………… 49
　任务一　色彩搭配理念 ……………… 49
　　【课堂讨论】 ……………………… 49
　　【知识准备】 ……………………… 50
　　　一、色彩的设计功能 …………… 50
　　　二、色彩搭配的思路 …………… 52
　任务二　设计配色方案 ……………… 52
　　【案例分析】校园端午节汉服日 … 52
　　【案例分析】某企业中秋节文艺晚会 … 54
　　【案例分析】城市冰雪节 ………… 56
　　【案例分析】红色旅游 …………… 57
　　【案例分析】绿色出行 …………… 59
　　【案例分析】一汽红旗轿车的销售 … 60
　　【案例分析】亲子露营基地 ……… 61
　任务三　设计营销视频 ……………… 63
　　【案例导入】阿玛尼唇膏广告《红墙下的南风》 … 63
　　【案例分析】 ……………………… 64
　　【课堂讨论】 ……………………… 65
　　【知识准备】 ……………………… 66
　　　二、设计画面构图 ……………… 66
　　　三、设计镜头语言——镜头运动 … 70
　　【案例分析】日本航空JAL信用广告 … 73
　　【知识准备】 ……………………… 74
　　　四、设计镜头语言——场景转换 … 74
　　【案例分析】《瞬步》 …………… 78
　　【知识准备】 ……………………… 79
　　　五、设计镜头语言——镜头速度 … 79
　　【案例分析】美食类营销视频 …… 79
　　【边学边练】 ……………………… 84
　　【案例分析】文旅类营销视频 …… 85
　　【边学边练】 ……………………… 89
　　【案例分析】产品类营销视频 …… 89
　　【边学边练】 ……………………… 91
　　【案例分析】汽车类营销视频 …… 91
　　【边学边练】 ……………………… 92
　项目实训　视觉设计 ………………… 93
　项目练习 ……………………………… 94

· Ⅱ ·

项目四　新媒体视频制作

【学习目标】 ………………………… 95
　　[知识目标] ……………………… 95
　　[能力目标] ……………………… 95
　　[情感目标] ……………………… 95
【案例导入】 ………………………… 95
【课堂讨论】 ………………………… 96

任务一　构建新媒体营销矩阵 …… 96
【知识准备】 ………………………… 96
　　一、新媒体营销矩阵 …………… 96
　　二、抖音平台的营销 …………… 97
　　三、快手平台的营销 …………… 97
　　四、小红书平台的营销 ………… 98
【案例分析】百雀羚面膜营销推广 … 99
【边学边练】构建初创企业新媒体营销矩阵 …… 99

任务二　操作视频剪辑软件 ……… 100
【课堂讨论】 ………………………… 100
【知识准备】 ………………………… 100
　　一、安装与启动剪映电脑专业版 …… 100
　　二、操作界面 …………………… 101
　　三、基本功能 …………………… 101
　　四、成片导出 …………………… 114
【边学边练】 ………………………… 115
【知识准备】 ………………………… 115
　　一、剪映 App …………………… 115
　　二、视频剪辑 …………………… 121
　　三、调整色彩 …………………… 131
　　四、文字效果 …………………… 137
　　五、文字动画 …………………… 143
　　六、添加音乐 …………………… 146
　　七、剪辑音频 …………………… 149
【边学边练】 ………………………… 153

任务三　制作营销视频 …………… 153
【知识准备】 ………………………… 153
　　一、筛选镜头、导入素材 ……… 154
　　二、镜头分割、精筛画面 ……… 154
　　三、加入音频、对接节奏 ……… 154
　　四、调色与滤镜 ………………… 156
　　五、转场设置 …………………… 157
　　六、添加特效 …………………… 158
　　七、添加字幕 …………………… 158
　　八、预览与输出 ………………… 160
【边学边练】 ………………………… 161
【边学边练】 ………………………… 169
项目实训　视频制作 ………………… 169
项目练习 ……………………………… 169

项目五　新媒体信息安全

【学习目标】 ………………………… 171
　　[知识目标] ……………………… 171
　　[能力目标] ……………………… 171
　　[情感目标] ……………………… 171
【案例导入】浙江宁波李某等人侵犯公民个人信息案 …… 172
【课堂讨论】 ………………………… 172

任务一　防范个人信息泄露 ……… 172
【知识准备】 ………………………… 172
　　一、认识个人信息的重要性 …… 173
　　二、日常生活中的防范措施 …… 173
【案例分析】习近平对网络安全和信息化工作作出重要指示，强调深入贯彻党中央关于网络强国的重要思想，大力推动网信事业高质量发展 …… 175
【边学边练】新媒体企业信息泄露事件模拟课堂练习 …… 176

任务二　尊重他人的知识产权 …… 177
【案例导入】"雅思真题集"著作权侵权案 …… 177
【案例分析】 ………………………… 178
【课堂讨论】 ………………………… 178
【知识准备】 ………………………… 178
　　一、知识产权的含义 …………… 178
　　二、尊重知识产权的重要性 …… 179
　　三、侵犯知识产权的危害 ……… 179
　　四、尊重知识产权的行为准则 … 180
【案例分析】盗录春节档电影？打击院线电影侵权盗版在行动 …… 180
【边学边练】新媒体企业被侵权事件模拟课堂练习 …… 181

任务三　依法依规运营 …………… 182
【案例导入】多位百万、千万级主播被封！他们

· Ⅲ ·

都踩了哪些"红线"？……………… 182
【案例分析】………………………………… 182
【知识准备】………………………………… 182
　一、明确法律法规要求………………… 182
　二、建立健全内部管理制度…………… 183
　三、加强内容审核与监管……………… 183
　四、保护用户数据与隐私……………… 183

　五、规范商业行为与合作……………… 183
　六、建立法律风险防范机制…………… 183
　七、加强员工法律培训与教育………… 183
【案例分析】《关于加强"自媒体"管理的通知》
　……………………………………………… 183
项目实训 ……………………………………… 185
项目练习 ……………………………………… 186

项目一

新媒体运营认知

【学习目标】

[知识目标]
- 了解新媒体的概念、特点及表现类型。
- 掌握新媒体营销方式及特点。
- 掌握新媒体运营的常用思维。

[能力目标]
- 能够以专业的新媒体营销方式进行推广。
- 能够合理运用新媒体运营思维展开新媒体运营方案。

[情感目标]
- 培养学生的新媒体运营思维,增强学生对新媒体运营的认知,激发学生对新媒体运营的兴趣。

【思维导读】

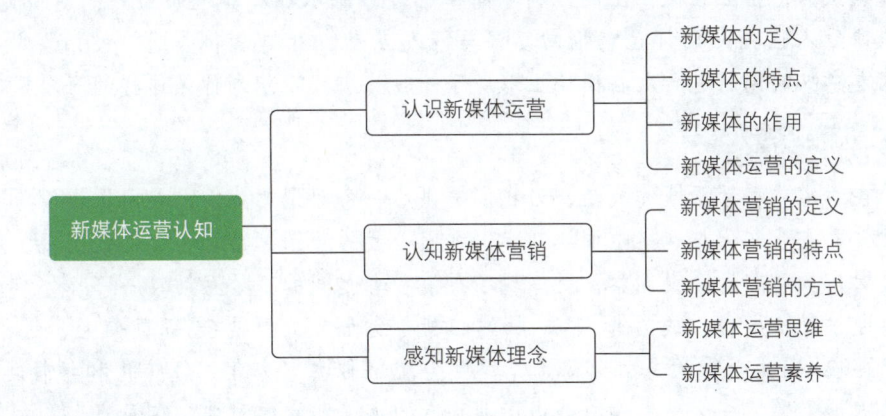

```
                          ┌── 新媒体的定义
              ┌─认识新媒体运营─┼── 新媒体的特点
              │           ├── 新媒体的作用
              │           └── 新媒体运营的定义
              │
新媒体运营认知──┤           ┌── 新媒体营销的定义
              ├─认知新媒体营销─┼── 新媒体营销的特点
              │           └── 新媒体营销的方式
              │
              │           ┌── 新媒体运营思维
              └─感知新媒体理念─┤
                          └── 新媒体运营素养
```

【案例导入】

故宫淘宝

故宫淘宝在新媒体营销领域享有不错的口碑,在国货至上的今天,也赢得不少粉丝热捧。某日，一位粉丝在故宫淘宝微博下留言，问能否出个叫"冷宫"的冰箱贴？以后的剩菜剩饭放进冰箱，就可以说是"打入冷宫"啦。

与此同时，一位粉丝也@海尔说，你们什么时候合作，出一款冷宫冰箱？海尔新媒体文案编辑快速反应：容我考虑考虑。就这么一下子，海尔微博就火了，评论点赞超3万多次，底部评论都强烈要求，"必须做，快点做"。事后，海尔媒体部门做出一份厚厚的用户调研反馈。24小时后，海尔微博发出冷宫冰箱设计图，并@了故宫淘宝（如图1-1所示）。

图1-1 海尔冷宫冰箱设计图

有观点认为，企业在微博上的红利期高峰已过，海尔却反其道而为之，不断更新微博，在各大微博红人区抢热门评论、抢回复，与网友互动，看起来和普通"吃瓜"群众一样，在众多网友感叹的同时也再次在微博上形成了一股热潮：没想到你是这样的海尔！

【案例分析】

海尔在新媒体营销领域的成功，为我们提供了一个典型的范例，展示了如何巧妙地结合传统与现代、企业文化与网络热词，制定出别出心裁的营销策略。在这个案例中，海尔不仅展现了其对市场动态的敏锐洞察，更体现了与消费者之间的高效互动。

海尔通过微博平台，成功地打破了企业的传统形象，不再是高高在上、遥不可及的"官方"面孔，而是变得亲民、有趣且充满活力。这种去官方化、趣味化和年轻化的尝试，让海尔品牌形象焕然一新，更加符合当代消费者的审美和沟通习惯。在微博上，海尔不仅及时回应用户的建议，更是积极参与热门话题，与网友进行轻松幽默的互动，这无疑拉近了与消费者之间的距离。

当粉丝提出"冷宫冰箱"的创意时，海尔没有忽视这个看似玩笑的建议，反而迅速反应，进行了深入的用户调研，并在短时间内拿出了设计方案。这一举动不仅展现了海尔对市场需求的快速反应能力,更体现了其对消费者意见的高度重视。这种灵活应变和用户至上的服务理念,让海尔在众多企业中脱颖而出,赢得了消费者的广泛好评。

可以说,海尔通过微博营销,成功地塑造了一个与时俱进、紧跟潮流且极富创意的品牌形象。这种策略不仅顺应了时代的潮流,更让企业在激烈的市场竞争中保持了领先地位,实现了品牌美誉度和市场占有率的双重提升。

任务一 认识新媒体运营

【课堂讨论】

1. 我们常见的传统媒体都有什么?
2. 如今你感兴趣的新媒体平台有哪些?

【知识准备】

一、新媒体的定义

早在 1967 年美国人戈尔德马克就提出了新媒体一词的概念,直至今日,各类组织、专家从不同领域和视角阐述着对新媒体的理解并对其进行定义。美国《连线》杂志认为:"新媒体是所有人对所有的传播。"联合国教科文组织将新媒体定义为:"以数字技术为基础,以网络为载体进行信息传播的媒介。"综合而言,新媒体被赋予了狭义和广义两种定义。

新媒体从狭义上讲,是继报纸、广播、电台和楼宇广告等传统媒体之后,随着媒体发展与变化而生成的一种媒体形态,如互联网媒体、数字电视、移动电视、手机媒体等。

新媒体从广义上讲,是在各种数字技术和网络支持下,利用计算机、手机和数字电视等各种终端,向用户提供信息和服务的传播形态,具有数字化特点。

正如美国新媒体艺术家列夫·曼诺维奇所说的,新媒体将不再是任何一种特殊意义的媒体,而是一种与传统媒体形式没有关联的一组数字信息,但这些信息可以根据需要以相应的媒体形式展示(如图 1-2 所示)。

图 1-2 无处不在的新媒体

【案例广角镜】

深化媒体融合　唱响时代强音

2023年是习近平总书记作出"加快传统媒体和新兴媒体融合发展"重要指示10周年。10年来，主流媒体深入学习贯彻习近平总书记关于媒体融合发展的重要论述，主力军全面挺进主战场，全媒体传播体系不断完善，党的声音传播得更深更广，媒体融合发展取得重大进展和显著成效。本届论坛将主题定为"新征程新使命　新格局新作为"，既总结回顾媒体融合发展10年来取得的成绩和经验，又聚焦智慧融媒和国际传播等领域，为推动媒体融合发展再上新台阶提供了交流平台，促进主流媒体更好担当文化建设新使命。

旗帜鲜明坚持正确的政治方向、舆论导向、价值取向是党的新闻舆论工作的生命线，也是推进媒体融合发展的价值底色。正如与会嘉宾所言，要深入学习贯彻习近平文化思想，坚持政治家办报和党性原则，确保全媒体传播沿着正确导向发展，让正能量更强劲，主旋律更高昂。通过媒体融合发展扩大主流价值影响力版图，让党的声音传得更开、传得更广、传得更深入，才能更好发挥主流媒体的作用，形成网上网下同心圆，使全体人民在理想信念、价值理念、道德观念上紧紧团结在一起。

随着信息化迅猛发展，信息无处不在、无所不及、无人不用，舆论生态、媒体格局、传播方式发生深刻变化。但万变不离其宗，内容生产始终是媒体的立身之本。媒体融合发展必须坚持内容为王，充分发挥采编队伍专业、信息渠道权威、采编流程规范等内容生产优势，紧紧围绕党的基本理论、基本路线、基本方略和党中央重大决策部署，精心开展宣传报道。通过理念、内容、形式、方法、手段等创新，使正面宣传质量和水平有一个明显提高，用更深度、权威、专业、多元的内容来坚定信心、凝聚共识、汇聚众力，才能掌握舆论场主动权和主导权，让大流量澎湃正能量。

从纸上到屏幕，人们获取信息的方式发生了变化，媒体的产品形态也更趋多元多样，新技术的不断涌现为媒体融合发展带来了更多可能性。在此次论坛"智融未来"AI成果展示会"AI之夜"现场，京剧演员与虚拟数字人"跨屏合作"，一段《新定军山》引来叫好声不断。这从一个侧面说明，推进媒体深度融合发展，需要善用新兴科技，保持对新一代数字技术的敏感性，牢牢把握数字化、智能化发展方向，写好创新这篇大文章。既将新一代数字技术运用在新闻采集、生产、分发、接收、反馈中，不断推出新产品、新模式，又实现信息内容、技术应用、平台终端、管理手段共融互通，才能实现媒体融合发展效果的最大化和最优化。

习近平总书记在党的二十大报告中强调："加强全媒体传播体系建设，塑造主流舆论新格局。"加快推动媒体融合发展，主流媒体更要充分发挥媒体融合优势，始终保持强大传播力、引导力、影响力、公信力。惟其如此，方能做大做强主流舆论，不断巩固全党全国各族人民团结奋斗的共同思想基础，不断提升国家文化软实力和中华文化影响力。

（资料来源：《人民日报》，2023年11月14日05版）

【知识准备】

二、新媒体的特点

1. 传播方式双向化

每个受众既是信息的接收者，同时又扮演着传播者的角色，社会上每一个人都能成为内容的创作者和传播者，各行各业的人群都能参与进来。

2. 接收方式移动化

受众在接收信息时带有明显的移动化特征，从而摆脱固定场所的限制，使接收方式更加便捷化。

3. 传播行为个性化

每个人不论是传播者还是受众，都可以自由地发布观点、信息等。

4. 传播速度实时化

与广播、电视等传统媒体对比而言，新媒体具备无时间限制，随时可以加工发布，新媒体的传播速度要比传统媒体更加迅速，甚至可以实时接收信息，为受众做出相应的反馈。

5. 传播内容多元化

新媒体的传播内容比较丰富，可将图片、音频、视频融为一体，使传播内容更加生动化、多元化。

三、新媒体的作用

（一）新媒体在商业中的作用

1. 新媒体是企业品牌和形象宣传的窗口

新媒体在企业中的角色是宣传企业品牌和形象，起到了传播企业文化的重要作用。借助于新媒体的特点和多功能性，企业可以通过企业网站、微博等渠道向公众传达企业发展动态和实时信息更新，同时也能够让公众参与其中，发表意见和建议，共同完善企业文化。

2. 新媒体是企业核心价值观传播的桥梁

核心价值观是企业文化的核心，新媒体通过沟通企业与社会、产品与市场、管理者与员工之间的双向交流和互动，实现了核心价值观对人的影响和人对核心价值观的践行与提升。这种交流和互动能够统一企业和员工的价值观，共同提高，从而推动企业文化的建设。

3. 新媒体是企业管理理念传播的通道

企业管理理念是企业文化建设的重要支撑，新媒体的灵活性、多样性和快速性等特点可以将抽象的管理理念具体化、感性化，并通过媒体传播使员工更好地认可和接受，落实到实际工作中，提升管理理念并成为企业文化的一部分。

4. 新媒体是提升职工文化素质的平台

优质的企业文化离不开员工的参与、实践和建设。提升员工文化素质是企业文化建设过程中的必要环节。新媒体作为一个便捷实用的平台，为员工提供了获取大量信息和学习各种知识的机会，并能自由地表达观点、提出建议和分享心得。此外，新媒体的灵活性和便利性使员工可以随时随地自由学习和交流，并对学习和交流情况进行实时监测。

（二）新媒体在政府中的作用

1. 新媒体成为民众反映利益诉求、参政议政的重要平台

随着社会的多元化发展，各类人群有着不同的利益诉求，通过新媒体平台，群众可将真实的所见所感上传平台，起到实时监督及反映诉求的作用。政府部门，也可以实时掌握民众心声，平衡各方利益，保障民权，密切党群和干群关系，促进了和谐社会建设。

2. 新媒体成为社会信息传播、危险预警的主要阵地

与传统的新闻媒介相比，新媒体传递信息的实时性、全面性和互动性，为政策宣传、社会动员以及社会危险预警提供了更加快速便捷的条件，特别是一些特殊群体和敌对分子的活动信息，通过加强信息跟踪与动态监控，可以提前发现潜在的社会危险与不安定因素，做到防患于未然。

3. 新媒体成为加强舆论监督、推进行政体制改革的生力军

随着新媒体时代的到来，扩大了人民群众的知情权、参与权、选择权和监督权，加强了社会对公权力的监督力度，提高了政府的责任意识、服务意识、民主意识。

4. 新媒体成为反腐倡廉的重要渠道

公民借助网络通过新媒体参与反腐，是对制度性反腐的重要补充。让人民监督政府，政府做到时时接受广大人民群众的监督，一刻都不懈怠。

（三）新媒体在文创产业中的作用

1. 新媒体是文创产业的传播者

新媒体是文创产业的传播媒介和推广渠道，通过构建宣传推介平台和提升对外宣传能力，将新媒体打造成为文创产业的重要传播方式。利用网络媒体、网红直播、抖音、快手、微信公众号等新媒体传播途径，有效地将文创产业推向更广大的受众群体。

2. 新媒体是文创产业的推进者

作为文化产业的推进者，新媒体与各网络媒体联合起来，设立专项经费，引导建立网红直播平台，并充分利用文化产业的"文化潮"，统筹安排广泛的新文创产业宣传推介活动。通过这些措施，能够进一步促进文创产业的包装宣传，提高其知名度和影响力。

【案例广角镜】

文创项链意外"出圈"，博物馆入驻抖音电商让文物"活"起来

重庆中国三峡博物馆（以下简称"重庆三峡博物馆"）是一座以巴渝文化、三峡文化、抗战文化、移民文化和城市文化等为特色的历史艺术类综合性博物馆，现有馆藏文物12万余件套、珍贵古籍善本1.8万余册，涵盖35个文物门类。

2022年夏天，由重庆三峡博物馆推出的一款"四神木雕项链"成功"出圈"。当时，一位年轻女游客参观完博物馆后，将自己购买的这款木雕项链穿戴视频分享到抖音，收获了4万多点赞，让这条项链一时间供不应求。

2022年10月，重庆三峡博物馆入驻抖音，开通账号"重博文创"，走在了全国博物馆进军抖音电商的前列。刚开通账号不久，重博文创就进行了直播带货尝试，在零粉丝的情况下，首场直播2个小时，就吸引500多人进入直播间围观，获得8.4万点赞。到第二次尝试时，直播间在线人数增加到近千人，点赞量达到12万。

除了直播带货，重博文创还创作了一批精美的短视频，以"文创产品、汉字中的历史文物、趣味历史文物动画、让文物活起来"等多个版块呈现馆藏文物的故事及内涵，让观众能更多维度地了解文物的价值。

通过抖音电商，博物馆和文博知识不再受制于现实距离，观众可以随时把全国各地的博物馆文创带回家，让文物"活"起来（如图1-3所示）。

图1-3 抖音博物馆推送（图片来源 北青网）

【知识准备】

四、新媒体运营的定义

新媒体运营是指利用现代互联网技术，通过如微信、微博、抖音等新兴的数字媒体平台进行品牌推广、产品营销、活动策划等运营工作，从而实现品牌传播、用户增长、业务转化等目标。新媒体运营主要包括新媒体内容策划、新媒体内容创作、新媒体平台管理和新媒体营销等方面的内容。

新媒体运营是随着互联网技术的发展而兴起的一种新型运营模式。它利用新媒体平台进行品牌推广、用户互动和产品营销。新媒体平台包括但不限于社交媒体、微信公众号、微博、短视频平台等。

在新媒体运营中，内容创作、用户互动、数据分析等是关键环节。内容创作要求有趣、有深度、有价值，能够吸引用户的关注和留存。用户互动则需要通过评论、点赞、分享等方式，增强用户粘性和活跃度。数据分析则是对运营效果进行量化评估，以便及时调整策略。

【边学边练】

新媒体时代的来临为我们的日常生活带来了显著的变化，你认为这些变化中最为显著或对你个人影响最大的是什么？能否详细阐述这些变化如何重塑了我们的信息交流、娱乐方式甚至是思考模式？

与传统媒体相比，新媒体的崛起使信息传播的方式发生了翻天覆地的变化，你认为这种变化在哪些方面最为突出？它又是如何影响我们获取、处理和分享信息的？

任务二 认知新媒体营销

【案例导入】

酱香拿铁

"美酒加咖啡，就爱这一杯"。2023年9月4日，在预热近一周后，瑞幸联名茅台的年度重磅新品——"酱香拿铁"终于揭开面纱，正式上线，给枯燥无味的周一打工人增添了一丝热闹及微醺体验。大家在朋友圈、小红书、微博在内的多个社交平台掀起了一股晒照打卡的新热潮,#年轻人的第一口茅台、#20块实现茅台自由等话题同步引爆整个社交圈。

年轻人尝试喝茅台,中老年人尝试喝咖啡,酱香拿铁在社交平台上引爆话题热度。流量的背后,还有销量的一路飙升。上线当日,瑞幸宣布酱香拿铁一天内卖了542万杯,销售额突破1亿元。无论是茅台还是瑞幸,在各自领域都属于Top级别的品牌,在品牌联名营销上交出了满意的答卷(如图1-4所示)。

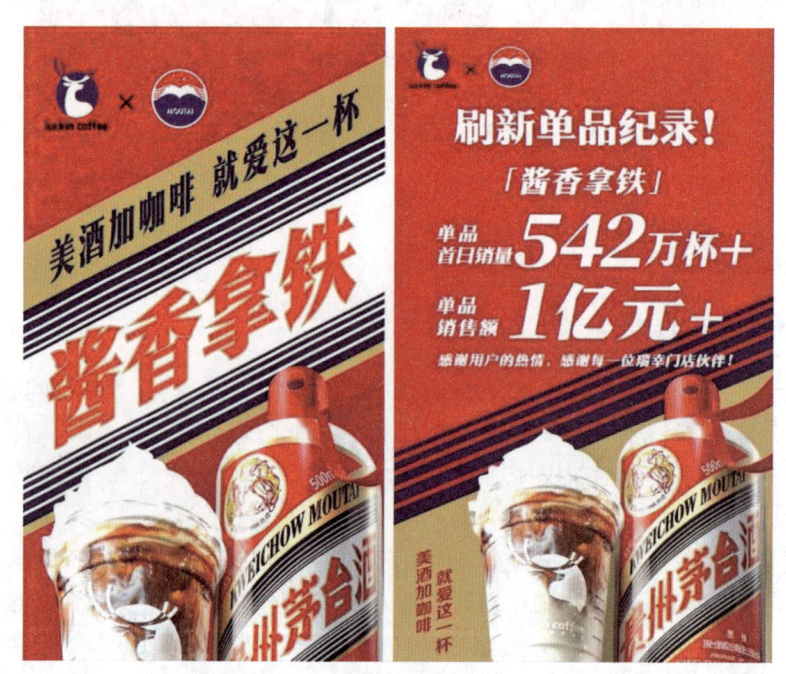

图1-4 酱香拿铁(图片来源 百度)

【案例分析】

从品牌营销层面上看这是一次双赢的合作。瑞幸与茅台,分别作为各自行业的顶级品牌,双方都有着很高的行业地位与品牌影响力。两个品牌的互相借力,也为自身品牌增添了许多新价值。瑞幸咖啡与茅台的联名合作无疑是2023年品牌营销的重大成功案例。

【知识准备】

一、新媒体营销的定义

新媒体营销主要基于互联网、移动媒体以及数字媒体技术,在网络环境下进行一些营销活动的开展,比如公关、广告以及产品的促销等,显著的特点是以网络及平台为基础,以用户的体验为中心。

新媒体平台:例如我们现在常见的微信、微博、贴吧等社交平台,哔哩哔哩、优酷、快于、抖音这类视频平台,豆瓣、天涯这类社区,都属于新媒体的范畴。

所谓"新媒体营销"就是利用"新媒体"的手段,以内容为核心,去获取有利于企业盈利的"潜在销售线索"。

二、新媒体营销的特点

新媒体营销具有传播迅速、成本更低、互动性强、覆盖广泛、营销目标精准等特点，如图1-5所示。

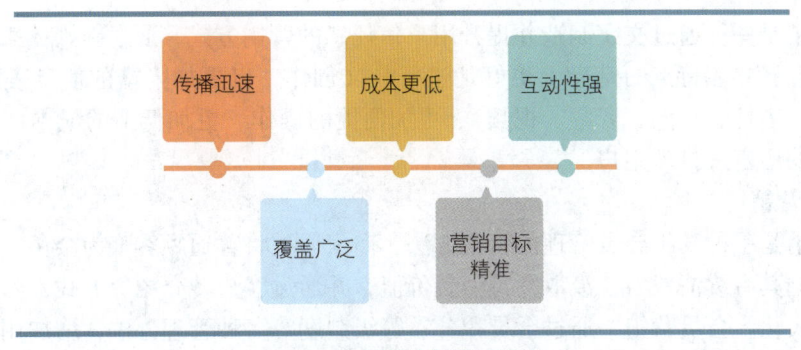

图1-5 新媒体营销的特点

三、新媒体营销的方式

1. 病毒营销

病毒营销是利用公众的积极性和人际网络，让营销信息像病毒一样传播和扩散，营销信息被快速复制传向数以万计、数以百万计的受众，它能够像病毒一样深入人脑，快速复制，广泛传播。

2. 事件营销

事件营销是通过策划、组织和利用具有新闻价值、社会影响以及名人效应的人物或事件，吸引媒体、社会团体和消费者的兴趣与关注，以求提高企业或产品的知名度、美誉度，树立良好品牌形象，并最终促成产品或服务的销售的手段和方式。

新疆棉事件爆发后，H&M、优衣库、耐克、阿迪达斯等多个品牌在中国市场遭受重创。李宁却抓住了这次机遇，把新疆棉写在标签上并冲上了热搜榜，让品牌圈了一波粉儿。

3. 口碑与品牌联名营销

传统的口碑营销是指通过朋友、亲戚的相互交流将自己的产品信息或者品牌传播开来。在今天这个信息爆炸的时代里，口碑营销采取了新媒体形式（如朋友圈、大众点评等）网络渠道进行传播。近年，好口碑之间的联名营销也成为营销热点，强强联合后的粉丝翻倍，让产品销量一路飙升。

4. 饥饿营销

饥饿营销就是商家进行大量广告促销宣传，勾起顾客购买欲，然后采取饥饿营销手段，让用户苦苦等待，结果更加提高购买欲，有利于其产品提价销售或为未来大量销售奠定客户基础。

5. 知识营销

知识营销是通过有效的知识传播方法和途径，将企业所拥有的对用户有价值的知识（包括产品知识、专业研究成果、经营理念、管理思想以及优秀的企业文化等）传递给潜在用户，并逐渐形成对企业品牌和产品的认知，将潜在用户最终转化为用户的过程和各种营销行为。

6. 互动营销

在互动营销中，互动的双方一方是消费者，另一方是企业。只有抓住共同利益点，找到巧妙的沟通时机和方法才能将双方紧密地结合起来。互动营销尤其强调，双方都采取一种共同的行为。

7. 软文营销

软文营销是一种通过文字制造并提升用户信任感的营销方式，通过新媒体来进行软文营销可以在结合新媒体特点的基础上更好地进行软文创作，以更加丰富的信息表现形式（如文字、图片、表情、动图、音频、视频）、更加便捷的操作、更加低廉的成本以及更加具有新媒体特点的语言来打动用户。

8. 会员营销

会员营销是一种基于会员管理的营销方法，商家通过将普通顾客变为会员，分析会员消费信息，挖掘其后续消费力，汲取终身消费价值，并通过客户转介绍等方式，将一个客户的价值实现最大化。会员营销，通过会员积分、等级制度等多种管理办法，增加用户的黏性和活跃度，用户生命周期持续延伸。

【案例广角镜】

王老吉推出姓氏图腾罐

如果说经典IP的受众具有一定局限性，那么王老吉借用中华姓氏来源的图腾崇拜为自己做营销的方式，除了占了品牌名称与生俱来的优势外，更是将14亿中国人与品牌联系到了一起。

一直在玩罐身文化的王老吉，最近因为爆火的姓氏图腾罐再次刷爆朋友圈，借用扎根于人们骨子里的姓氏文化作为创作的灵感来源，进行了春节期间的吉运定制，满足了人们在春节场景祈求好运的需求，增加了品牌与用户之间的联系，助力品牌实现了传播与讨论（如图1-6所示）。

图1-6 王老吉（图片来源 网易网）

【课堂讨论】

分析××领域/产品中的营销思维及其优势特点

确定一个感兴趣的领域或者某个具体的产品，然后详细探讨该领域/产品在市场营销方面采用了哪些独特的营销思维，针对所选领域/产品，深入分析其营销策略背后的思维逻辑是基于什么样的市场洞察或消费者心理而设计的？这些策略又是如何通过不同的营销渠道来实施的？

任务三　感知新媒体理念

【案例导入】

"张艺谋老师逝世"，缺的是"的"，更是"德"！

"张艺谋老师逝世！遗体告别仪式在八宝山举行"，收到这样的推送，你是不是吓了一跳，猛得一怔，并慌忙点开链接？如果是的话，你就上当了。点开一看就会发现，这纯属"标题党"。

其实情况是这样的：逝世的不是张艺谋，而是张艺谋的老师司徒兆敦，他曾任教北京电影学院，教过的学生有张艺谋、陈凯歌、田壮壮等名导。一个基本的常识是，"张艺谋老师"与"张艺谋的老师"不是一码事，以"张艺谋老师"代替"张艺谋的老师"来赚取眼球，不只是哗众取宠，更透出一种满满的恶意。

炮制这个烂标题，表面看缺了一个"的"，实际上暴露出从业者缺了"德"，个人品德的德，职业道德的德。涉事标题涉嫌侵犯张艺谋的名誉权。也许对于事务繁忙的张艺谋来说，他无暇拿起法律武器维权，相关人员有可能逃过法律的审判，但逃脱不了舆论的"审判"，也逃脱不了公众的谴责，更逃脱不了法律法规的惩罚。可以确定，发布这个标题的花瓣浏览器都会长久地被人"围殴"，也将永远留下不光彩的印记。

（资料来源：人民网网评）

【案例分析】

2023年中央网信办发布通知，重点治理的十类网络乱象就包括"采用'标题党'歪曲新闻原意"。《互联网新闻信息标题规范管理规定（暂行）》明确规定：互联网新闻信息稿件标题的发布不得出现以下情况：歪曲原意、断章取义、以偏概全；偷换概念、虚假夸大、无中生有等。该规定还指出，严禁各类夸张、猎奇、不合常理的内容表现手法等"标题党"行为。

标题不是不能有创新，特别是身处互联网时代，拟定网络标题时，出新一些、有创意一些，确实可以吸引关注，带来流量。但前提是，不能歪曲原意、断章取义、以偏概全，不能偷换概念、虚假夸大、无中生有，更不能违反社会公序良俗和法律法规。

【知识准备】

一、新媒体运营思维

1. 线上思维

通过新媒体线上平台，企业和商家可以向用户传递信息、宣传产品，并实现定制化的推送功能。无论是通过App、微信公众号、短信营销还是其他线上平台，企业和商家都可以将信息精确地传递给特定的用户群体，从而优化传播效果。

此外，新媒体线上平台还具有互动性和分享性的特点，用户可以随时随地使用移动设备获取所需信息，并与企业和商家进行互动交流。同时，用户也可以通过社交媒体、分享功能等将自己获得的信息传递给其他人，扩大信息传播的范围和影响力。

2. 免费思维

免费思维可分为间接性消费和诱导消费，如某一视频或物品，部分采取免费政策，可理解为试观看或试用，如果继续观看或使用需要进行收费。

3. 用户思维

用户思维是互联网思维中最核心的思维，用户需求永远是营销工作的导向，企业在开发、研制、营销任何一款产品或服务时，都应该以用户为核心。

4. 品质思维

在任何环境中，品质永远是产品的主要价值，特别是在互联网经济下，把产品、服务和用户体验做到极致，企业才能永葆竞争力。品质思维一般分为质量品质和服务品质。

5. 品牌思维

品牌思维是指企业利用品牌这一最为重要的无形资源，在打造强势品牌的基础上，更好地发挥品牌的扩张功能，推动产品的生产经营，将品牌价值转化为有形资产，实现企业的长期成长和价值增值。

6. 平台思维

平台思维是现在非常主流的营销模式，可以帮助企业重塑与用户之间的沟通关系，重塑组织管理和商业运作模式，找到适合企业的营销平台也是营销的重中之重。

【案例广角镜】

优酷推出乡村爱情盲盒

优酷联合知名度较高的乡村爱情IP推出了"老铁盲盒"，将大众熟悉的刘能、广坤、赵四、晓峰和大脚齐融入了盲盒的设计中（如图1-7所示），让焕发着年轻生机的"老铁盲盒"一面市便呈现了爆款态势，首发6小时就全部售罄。

图1-7 乡村爱情盲盒（图片来源 网易网）

盲盒原本就深受年轻人喜欢，因其中的意外惊喜，满足了年轻人推崇的惊喜感。而优酷将经典的影视剧IP与年轻人崇尚的时尚、潮流文化相结合，通过极致土与时尚潮碰撞出了不同内涵和气质而直击目标受众，获得了大众的认可。而优酷也通过乡村爱情这个经典IP的国民度带动了话题传播，从而实现了流量的提升。

万物皆可盲盒，优酷将两个极具冲突的元素融合，带给用户新奇的体验感，使"老铁盲盒"的爆火成为必然。

【知识准备】

二、新媒体运营素养

1. 网感：敏锐捕捉互联网的热点爆点

网感是指对当前热点信息的敏感度和对时势趋势的判断能力。所有新媒体从业者都需要具备对时事热点的敏锐感知，深入了解公众关注的焦点，在网络语言和流行趋势方面拥有全面把握的能力。

2. 扎实的内容制作能力

在当今自媒体蓬勃发展的时代，一个新媒体平台的生存与否取决于其是否提供用户所需的内容。要让内容脱颖而出，制作者需要具备扎实的内容制作能力。

3. 吃透目标用户的小心思

（1）求实心理——追求产品的实用价值。

新媒体用户虽然活跃在虚拟的网络世界，但是仍然高度重视产品和服务的实用价值。

（2）求美心理——追求产品的欣赏价值和艺术美感。

用户在选购产品时倾向于设计、色彩、制作工艺精美的产品，甚至会购买那些实用性不强且价格不菲的精美产品。

（3）求新心理——追求产品的新奇和时尚。

新媒体用户往往热衷于新潮产品，而这些新潮产品具有一定的实效性，符合这一阶段的审美及热潮，热度一过便不再新奇。

（4）求利心理——希望提高产品的性价比。

一般用户通常偏好性价比高的商品，如果产品价格超出承受范围，用户可能会觉得不划算，进而减少消费。新媒体运营者经常提供免费服务，正是利用了这种心理特点。

（5）安全心理——担心产品存在安全隐患。

消费者不会愿意购买存在安全隐患的产品。为了确保购买的产品没有安全问题，消费者会仔细确认产品的安全性，尤其是在购买网上商品时更加谨慎。

（6）隐秘心理——不想让别人知道自己买了什么。

有些用户十分注重个人隐私，希望保密他们购买的物品信息，因此他们通常会在人流稀少的时候快速采购已确定的目标产品，不愿公开参与促销活动，但会悄悄地与商家联系。

4. 用大数据代替经验判断

大数据技术的出现为新媒体产业发展注入了新的动力。通过大数据分析，企业可以从海量信息中迅速提取决策所需要的数据分析报告，更有针对性地找到目标群体。

5. 善于捕捉创意的策划能力

越是优质的内容，越需要运营者精心策划。怎样设计文案？怎样组织互动？将内容推送给哪些客户？在什么时机推送内容？如何引导粉丝舆论？如何融入热点话题？如何选择推广平台？这些都需要运营者进行思考。

【边学边练】

以小组为单位，列举几个你们欣赏的营销案例，分析其营销过程。

项目实训　市场调研

【项目描述】

小李是一名刚入职场的大学生，现在 A 企业进行实习，A 企业是一个网红零食生产企业。主管要求小李进行市场调研，选择适合的新媒体平台，运用合理的营销方式及营销思维，为品牌做营销推广。

【项目要求】

（1）了解市场调研的流程；
（2）能够区别多种新媒体平台及规则的差异性；
（3）掌握不同类型的营销模式。

【项目评价】

评价项目	评价内容及要求	配分	自我评价	小组评价	教师评价	得分
理论知识	新媒体的特点	5				
	新媒体营销的方式	10				
	新媒体运营的常用思维	5				
实操内容	市场调研	20				
	多种新媒体平台及规则的差异性	10				
	不同类型的营销模式	20				
职业素养	调研总结能力	10				
	运营思维	10				
	团队合作	10				

项目练习

一、单选题

1. 在产品运营过程中，推广阶段的主要工作包括扩大影响和（　　）。
   A. 吸收用户　　　　B. 搜集用户数据　　　　C. 对服务增值　　　　D. 目的优化
2. 直播达人的日常规范要点中，不包括（　　）。
   A. 考勤
   B. 直播时间的频次和下限
   C. 直播内容和行为规范
   D. 整容、染发、文身等改变外表的行为是个人行为，无须报备批准

二、多选题

1. 从事用户运营的专职人员，需要做的工作包括（　　）。

A. 维护与用户之间的关系

B. 监测平台内容数据

C. 策划加强粉丝黏性的活动

D. 撰写策划文案

2. 下列出现在抖音视频中属于违规操作的是（　　）。

A. 视频标题全部是数字

B. 视频封面上贴微信二维码

C. 封面具有欺骗性

D. 视频中有抽烟喝酒等负面导向性内容

三、判断题

1. 在重大选题策划前，不需要了解平台用户信息，可以直接进行内容分类。（　　）

2. 从主体来看，账号运营者和用户之间如果有经验或经历上的相关性，会有更强的黏性。（　　）

项目二

新媒体文案写作

【学习目标】

[知识目标]
- 了解新媒体文案的概念、特点和常见类型等基础知识。
- 掌握新媒体文案标题、结构设计的基本技巧。
- 掌握不同类型新媒体文案的基本写作技巧。
- 掌握不同新媒体平台文案的基本写作技巧。

[能力目标]
- 能够区分新媒体文案与传统媒体文案的不同之处,并在实际中加以运用和体现。
- 能够识别新媒体文案的常见类型,可以根据实际需要选择合适的文案类型。
- 能够灵活运用各种新媒体文案写作的技巧,提升文案写作能力。

[情感目标]
- 加强学生对新媒体文案的认知和了解,培养学生新媒体文案写作工作的基本素养。

【思维导读】

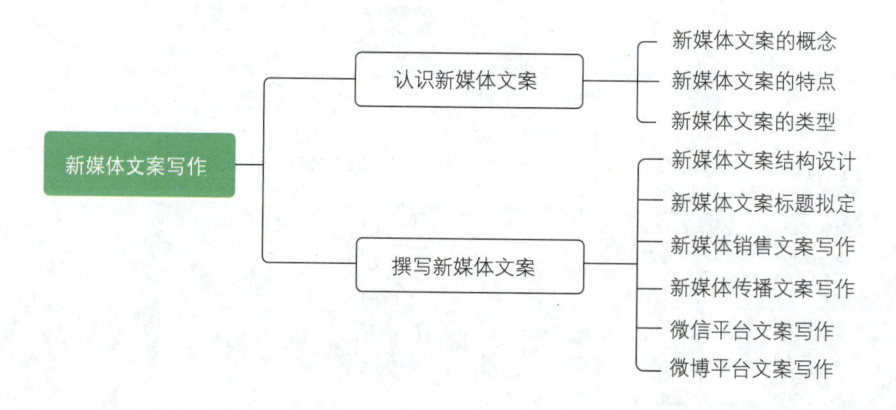

新媒体文案写作
- 认识新媒体文案
  - 新媒体文案的概念
  - 新媒体文案的特点
  - 新媒体文案的类型
- 撰写新媒体文案
  - 新媒体文案结构设计
  - 新媒体文案标题拟定
  - 新媒体销售文案写作
  - 新媒体传播文案写作
  - 微信平台文案写作
  - 微博平台文案写作

项目二　新媒体文案写作

【案例导入】

换种方式看"北宋第一网红"苏轼的人生，治好了我的精神内耗

如图 2-1 所示，这是"十点读书"微信公众号在 2023 年 8 月 7 日发布的一篇文章，其文案标题为《换种方式看"北宋第一网红"苏轼的人生，治好了我的精神内耗》。文章刚一发布就引来上百位网友留言。

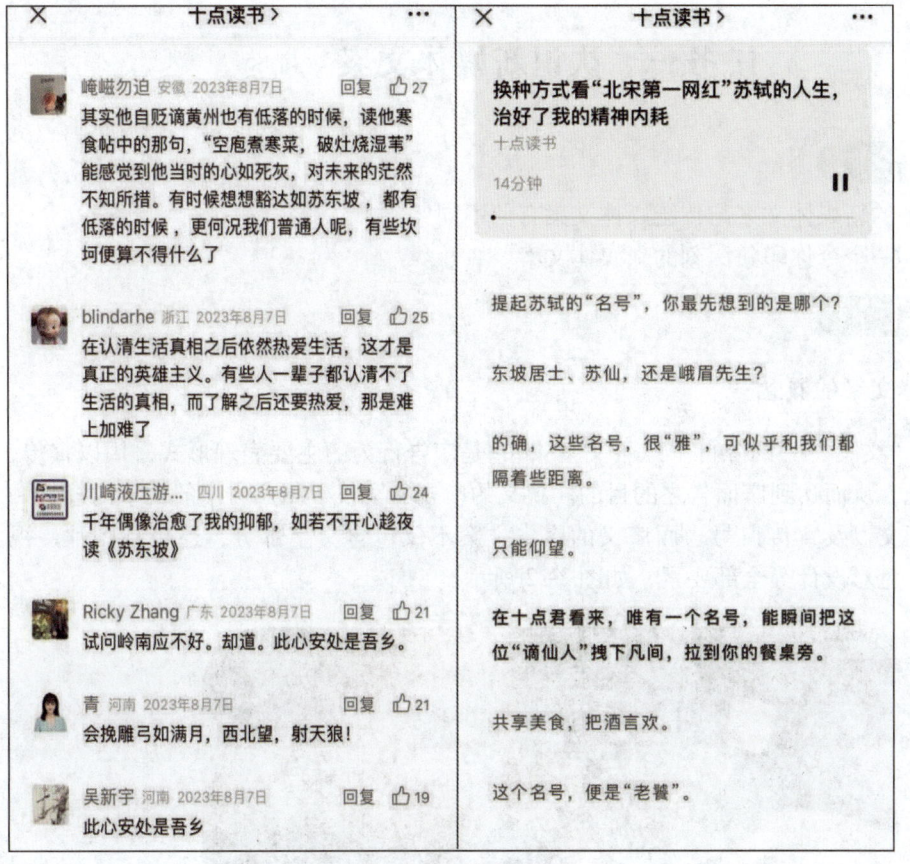

图 2-1　十点读书公众号

换种方式看"北宋第一网红"苏轼的人生，治好了我的精神内耗

文章讲述了苏轼多次被贬后迅速调整心态，豁然以对。林语堂评价苏轼：苏轼最大的魅力，不是让内心被环境吞噬，而是超出环境，以内心的光亮去照亮生活的路。

【案例分析】

苏轼的诗及苏轼的一生早已是家喻户晓，大部分人都很熟知，但是此文章一出让很多年轻人产生了共鸣，分析其原因有以下几点：

1. 热点词汇　吸引读者

近几年，随着新媒体的发展，产生了许多网络热点词汇。如内卷、emo、躺平、社牛等，精神内耗便是其中之一。精神内耗，又叫心理内耗，它是指人在自我控制中需要消耗心理资源，当资源不足时，人就处于一种所谓内耗的状态，内耗的长期存在就会让人感到疲惫。这种疲惫并非身体劳累导致，而是一种心理上的主观感受，是个体在心理方面损耗导致的一种状态。

17

2. 美文中的金句让读者产生共鸣

无论面对怎样的苦难，都能坦然面对，随遇而安。"没有什么是一顿美食解决不了的，如果不能，那就两顿。"；一句"自笑平生为口忙"，是自嘲，也是自解；但对他而言，却是孤寂岁月里的些许慰藉，也是丧气消沉和重振旗鼓间，为自己留下的一方喘息的天地。这些励志金句让读者们产生了共鸣，并且文中的金句作者用加粗特殊标记，满足了读者快速找到重点的需求。

任务一　认识新媒体文案

【课堂讨论】

1. 你所理解的新媒体文案与传统媒体文案有何不同？
2. 请你分享一个令你印象深刻的新媒体文案。

【知识准备】

一、新媒体文案的概念

通常认为，"文案"一词源自"广告文案"，它是广告行为的主要表现形式，用以宣传、发布和传递信息，从而达到广而告之的目的。狭义的广告文案仅仅指广告中的文字内容，一般包括标题、正文以及宣传口号。而广义的广告文案不仅包含文字部分，还包括图片、视频、排版布局、色彩设计等全部要素，如图2-2所示。

图2-2　广义的广告文案

新媒体的概念亦有广义与狭义之分。新媒体从狭义上讲，是继电视、广播、报纸和杂志传统四大媒体之后，在技术支撑下发展而来的"第五媒体"。广义的新媒体则指在各种数字技术和网络支持下，利用计算机、手机和数字电视等各种终端，向用户提供信息和服务的传播形态，具有数字化特点。

综上所述，可以看出新媒体文案更加适合以广义的文案概念和广义的新媒体概念来进行描述。因此，新媒体文案即是在互联网时代下，依托数字技术和各类智能终端设备，通过各类新媒体平台或渠道所发布的，以文字、图片、音频、视频、评论等多种方式相融合，达到传递信息和价值目的的新型文案形式。

二、新媒体文案的特点

新媒体文案通过有别于传统媒体的"第五媒体"发布和推广,更能够适应当前时代的信息沟通方式,更能吸引当前时代的受众群体,具有十分鲜明的时代特征。

1. 成本低

相比传统广告方式,新媒体渠道下的文案制作与发布成本通常更低一些。利用互联网和数字技术,文案可以更加迅速地生成,并通过多种渠道发布,以及转发、分享等方式得以快速传播。

2. 互动好

新媒体文案可以利用数字技术和互联网技术实现实时互动,通过评论、点赞、打赏等活动能够更快地得到受众用户的反馈信息、回应诉求、处理问题,从而达到更好的信息沟通效果。

3. 传播广

基于新媒体平台和新媒体文案的多样性,使文案的传播速度、传播效果和传播方式更加高效。人们可以随时通过各种移动便携设备获得最新资讯,并用简单的方式进行收藏、转发和分享,从而形成无比庞大的传播效应。

4. 时效高

新媒体文案具有超高的时效性,能够快速地捕捉到时事焦点,更加适应当前快速的生活方式。随着社会节奏越来越快,人们习惯于快餐式的学习和信息获取。无论是阅读时间还是阅读内容都是碎片化的,内容短小、精练,形式具象、生动的新媒体文案正是人们的最佳选择。电梯里、排队中的这些零碎时间就可以通过新媒体文案了解时事、获取所需信息。

5. 多元化

一方面,伴随着技术的发展,新媒体平台支持多元化的表现形式,突破了传统文字+图片的方式,可以多元融合视频、语音、动图、投票、游戏等多种方式来展现主题。另一方面,新媒体平台的多样性,提供了新媒体文案投放的多元性。同一文案可以根据受众群体的习惯、偏好不同进行多渠道投放,从而达到更好的宣传效果。

6. 针对性强

在大数据技术的支持下,新媒体平台更容易获得用户的多维信息,从而根据客户的偏好和需求进行相关内容的推送。这一特点既帮助发布主体节省了广告宣传成本,也更易得到目标受众的接受和认可。

【案例广角镜】

迎合用户喜好的蜂花,让更多人相信国货迎来了最好的发展时机

老牌国货蜂花因10年包装都没有更新,而引起了网友的注意,网友开始在网络上喊话蜂花改一改自己的包装,而蜂花则在对网友的回复中"卖起了惨",表示"需要花钱",一石激起千层浪,随后网友对此展开了讨论,并有不少网友开始去蜂花的官方商城购买产品,一时之间让蜂花火爆网络(如图2-3所示)。

在一波又一波的购买潮之后,蜂花也不辜负网友的期望,开始顺应民意在网络上举办了设计大赛,网友除了慷慨解囊,还纷纷出手帮助品牌进行设计,把蜂花设计成了普通人买不起的样子(如图2-4所示)。

图 2-3 蜂花微博

图 2-4 蜂花设计大赛

这样一来,蜂花通过事件营销成功引起了网友的注意力,在用户沉淀之后,再顺应民意进行新一轮的营销推出全新的产品设计,让蜂花的整个营销迅速出圈。之所以蜂花能够达到这样的营销效果，还是得益于精品国货长期的产品经营，再现了认真做产品品牌的惊人潜力，加上巧妙的营销模式让蜂花实现了迅速出圈。

（资料来源：网易网）

【知识准备】

三、新媒体文案的类型

新媒体文案的投放渠道多种多样，新媒体文案的表现形式也是多种多样。在新媒体文案写作过程中，我们需要了解新媒体文案的不同类型，从而能够根据投放平台的要求和受众群体的特点选择适合的文案类型。

1. 根据篇幅长短分类

根据文案字数的多少，可以分为长文案和短文案。一般而言，超过1 000字的文案称为长文案，不足1 000字的文案称为短文案。长文案与短文案各有千秋。长文案适合进行详细的介绍、展示、论证或者情景铺叙，这类文案多用于向目标受众详细地介绍产品功能、展示实际效果或者构建完整的故事情节。短文案的内容短小精悍，多用于吸引目标受众的关注、反馈或形成互动。文案过长或过短都存在不足，太长的文案会增加目标受众群的阅读压力，失去快速吸引关注的能力，因而容易造成受众流失。文案篇幅过短则对文字、图形、影音等表现形式有更高的要求，否则容易产生表述不清、冲击力度不足等情况。因此，大多数新媒体平台对于文案长度均有限制要求。

2. 根据目的不同分类

根据文案发布的目的不同，可以分为销售文案和传播文案。销售文案以促进短期销售业绩、刺激消费为目的，意在针对当前行为的影响。传播文案以宣传品牌内涵、企业文化为目的，意在形成对未来行为的深远影响。销售文案重视对产品、服务的优势推荐，利用价格优惠、抽奖免单等手段实现立即的消费购买行为。传播文案重视对价值取向、社会情怀、品牌形象、文化传承的展示，往往借助社会热点事件、励志故事等手段来产生情感共鸣与认同。

3. 根据表现形式不同分类

在新媒体技术的加持下，新媒体文案的展现形式表现得丰富多样。根据表现形式的不同可以分为：

（1）文字式文案。文字式文案以大篇幅的文字为主要输出表达的方式，配以图片、链接等形式，很多微信公众号的文案采用这种类型。

（2）图片式文案。图片式文案以图为主要表达方式形成直观而强烈的视觉冲击。这种文案类型较多应用于产品销售海报。

（3）视频式文案。视频式文案以视频方式在视、听两方面动态展示主题。视频式文案具有较好的互动性，抖音、哔哩哔哩平台多以视频式文案展现。

4. 根据广告植入方式分类

根据广告在文案中植入的方式不同分为硬广和软文两种。硬广即直白而明显地将产品或服务的宣传、推广信息展示出来，追求立竿见影的购买欲望和购买行为。软文是指文案中并不直接对产品或服务进行展示，而是随着故事情节的推动或是在论题的辩证过程中娓娓道来，以水到渠成的方式自然而然地引入主题。由此可见，硬广和软文写作的方式及侧重不同，产生的营销效果也不同。随着新媒体在生活中的日渐普化，人们在充满着硬广的视听环境中逐渐变得麻木，甚至对硬广产生反感。相比之下，软文文案不仅成本较低，也更容易被受众所接受。在文案写作过程中，应该根据实际情况和所要达成的目标选择使用。

【案例广角镜】

小度正能量广告，发挥文案的魔力

以科技化、数据化著称的小度，展现了品牌对文案的把控能力。小度瞄准了在城市打拼的独居人群，通过聚焦他们"一个人生活"的日常，让小度的陪伴格外地有意义，文案"世间的一问一答，皆是陪伴"更有生活气息与温度，整个内容由否定到肯定，并引出品牌情感的输出更为流畅（如图2-5所示）。

图2-5　小度正能量广告

文案的魅力在于通过文字勾勒出的世界更加温暖，让人印象更为深刻。小度在春节来临之际打造的正能量文案在这个年终大促中格外温暖，进而让更多的人感知到品牌的温度。

（资料来源：网易网）

【边学边练】

打开你常用的新媒体平台，如微信朋友圈、微博或者短视频平台，说一说你所常见的新媒体文案都有哪些类型。

任务二　撰写新媒体文案

【课堂讨论】

对比下列新媒体文案的标题，说一说你更喜欢哪一个，为什么？

第一组标题	第二组标题	第三组标题
突发！知名企业紧急通知！	与大学教授"谈谈恋爱"	免费！和明星的孩子一起学习！
关于调整营业时间的通知	大学教授"爱情观"讲座	早教机构举行免费体验活动

【知识准备】

伴随着新媒体的兴盛，新媒体文案在新闻、营销、广告等众多行业领域扮演着越来越重要的角色，成为发布者与受众群体之间最为便捷、高效和信任的沟通方式。受众通过文案标题产生探索兴趣或关注，通过文字、图片等正文内容获取信息，进而才会产生转发、评论、购买、点赞等进一步的互动行为。因此，要想完成一份好的文案作品，降低跳出率，需要了解标题如何选拟、结构如何搭建以及适应不同目的和不同新媒体平台特点来撰写文案的一些技巧。

一、新媒体文案结构设计

根据我们日常的写作经验，一篇文字的形成往往先来自于结构的确定，这就如同楼房的承重框架，是房屋质量的重要保证。进行新媒体文案写作亦然，第一位的就是构建文案的结构，为文案顺利生成奠定基础。梳理文案的逻辑顺序，确定文案的表述层次，才能更好地表达文案目的，使受众群体获得清晰、准确的资讯信息。

1. 并列式结构

并列式结构的精髓在于"形散而神不散"，其最大的特点是文案阐述的观点、论据，描述的情景、状态等都是独立且平等的关系，没有明显的主次、轻重之分，共同服务于文案主题。并列的各部分内容关联性并不紧密，逻辑性并不明显，可以单独使用，更改或调整各部分顺序并不影响主旨的表达。并列式结构通常可以清晰地展现主题的多个角度或不同方面，易于受众全面地了解文案传递的主旨。需要注意的是，采用并列式文案结构时，各部分内容需要明确分割开来，避免出现互相交叉，进而影响受众接收信息的精确性。另外，并列式结构的文案容易出现跑题、偏题现象。因此，还要确保并列式结构中的各部分内容应紧密围绕中心主旨，并驾齐驱。在产品销售文案中，可以采用并列式的结构从多个角度展示产品特性和功能。在软文类文案中也经常出现并列式的叙事手法。

2. 总分式结构

总分式结构具有主题明确、论证充分的优势，是文案常见的写作结构之一。总分式具体有"总分"、"总分总"和"分总"三种形态，其中前两种形态更适合于新媒体文案的写作布局。

"总分"式的文案结构安排先由总述性的表述开始，点明主题，能够让受众快速获取文案的主要内容。之后的中间部分篇幅所占比例一般较大，是侧重对主要内容的充分论述和介绍，利于受众全面而清晰地认知主旨大意。这种结构安排可以帮助受众节约时间成本，用最短的时间决定是否继续阅读或观看下去，同时也可以更加高效地获取文案中所需的价值部分，非常符合当代人的浏览习惯。

"总分总"的结构在"总分"之后进行了最终的总结概括，将文案的主旨精髓进行了提炼。这种结构安排可以在浏览最后达到加深受众印象，刺激购买、转发、点赞等互动行为的目的，也是新媒体文案特点的体现。

3. 三段式结构

三段式结构是将文案分为"开篇、主体、结尾"三个部分来阐述，多用于故事叙述或对现象、问题进行剖析的新媒体文案中。三段式结构常见的思路是"提出问题—分析问题—解决问题"。其中，第一部分为问题的提出，总体性描述事物概况、现实现状等。第二部分为分析问题，通常占用的篇幅较多，用以详细展开各个细节、过程、性能、论据等多方面内容。第三部分为解决问题，即是对之前所提出的问题和分析过程进行总结，或提出建议等解决办法，或给出结论重扣主题。三段式结构因为中间部分非常饱满、丰富，结尾部分往往很容易将主题进行升华，因此给人以厚重、踏实和深刻的阅读感，更能够让受众信服和接受文案的价值传递，从而形成有效的新媒体互动效果。

4. 递进式结构

递进式结构是与并列式结构完全不同的一种文案组织方式。并列式讲究支撑主题的各部分内容平等、并列，而递进式结构则是用层层递进、逐步深入的方法引人入胜。因此，在运用递进式结构方式时，需注意写作过程中的各素材之间应该有比较紧密的关联和比较严谨的逻辑性，各部分内容的顺序严格按照内在关联环环相扣而展开。如果在递进式文案结构中出现了逻辑混乱或层次不清，则会导致受众难以捕捉到文案的目的和宗旨，甚至是直接放弃、跳出。递进式文案结构的重心往往靠近文案后半部分，对于创作者而言有极大的挑战，需要具备较强的表达能力和逻辑思维能力，才能快速吸引受众注意并持续关注下去。

5. 对比式结构

对比式结构追求用强烈的反差来凸显主题或是引起认同与共鸣。通常情况下，对比式结构利用正反两方面的对立和冲突形成鲜明对照，从而吸引受众眼球，增加关注与浏览。对比式结构可以选择横比和纵比两个角度。横比即不同类人、事物之间的对比；纵比即同一事物、人不同时期、不同状况下的对比。对比式结构可以更加直观地展现优劣善恶、是非曲直，可用于产品、服务推广，也可用于社会现象评判，很容易给受众留下深刻印象或创造出强烈的情绪认同和价值传递，是形成"爆文""热文"的有效方法。在使用对比式结构的时候，需要注意的是对比材料需要真实、客观，并有很强的差异性。为了形成对比而放弃素材的真实性，或者没有恰当选择好需要比较的两个对立面都会影响文案最终呈现的效果。

【案例广角镜】

为她打拼的时光有一大把，能陪她的童年只有这一小段

41岁的男人，已经是事业有成了。35岁前他为自己的事业打拼，35岁后他为女儿的起跑线努力。可是，陪伴女儿的时光却是少之甚少，女儿甚至都不亲近爸爸，画的画里只有自己和妈妈。

陪女儿看个动画片吧，毕竟女儿的童年只有一小段，这段记忆里应该有爸爸的陪伴。

如图2-6所示，这是爱奇艺视频的品牌文案。将赚钱时光一大把和孩子童年一小段进

图2-6 爱奇艺视频的品牌文案

能陪她的童年
只有这一小段

行对比，陡然让家长警醒，赚钱的时间未来有的是，孩子童年的陪伴不能等。若等这段宝贵的时光过去，主观上想陪伴，长大了的孩子却不再需要。通过这一对比，促使家长们意识到歇一歇，别忙着赚钱，陪陪孩子一起看爱奇艺吧！

（资料来源：爱奇艺）

【知识准备】

二、新媒体文案标题拟定

当今的人们仿佛置身于一列高速行驶的列车之中，工作、学习、交友犹如窗外的景色一般匆匆入眼，又迅速消失。人们习惯于利用碎片化的时间处理各种问题，期待在快速运转的工作、生活中获得更高的效率，体验更具吸引力的感官刺激和心灵冲击，这是新媒体蓬勃发展的时代背景，而新媒体文案的标题就是打开人们感官和心灵的一把钥匙。受众通过对文案标题的快速筛选从而决定是否点击进入，好的标题是帮助文案在瞬息万变的海量资讯中成功捕获读者的关键。下面将介绍几种拟定文案标题的方法。

1. 直白式

直白式的标题拟定法就是将文案的主旨、目的、意图直接展示出来，通过通俗易懂的表述让受众迅速了解文案价值所在。在信息大爆炸的时代，人们无时无刻不在接收着方方面面的信息和资讯，快速筛选有用信息是人们的现实需要。直白式文案标题可以在瞬间锁定目标受众，并直接展示文案所带来的用户价值。即便受众当时没有立即产生需求，但因其开门见山的坦诚和直率仍然能够抓住受众的心理，选择持续关注或留存备用，因此通常可以获得较好的用户关注或点击量。

例如："免费教你40招Excel实用技巧，分分钟搞定难缠表格！"。首先，这个标题锁定了受众群体——一些经常与表格处理打交道的人，他们可能是刚刚结束一天工作在地铁上的办公室白领，可能是饱受表格工作折磨的新入职小白，也可能是一些亟须提升技能来提高工作能力的中年人。其次，这个文案标题直接展示了"免费"和"解决表格处理难题"的实用价值。因此，这种文案标题很容易获得点击阅读、转发、收藏等后续反馈。

直白式文案标题示例："品牌店庆，关注领优惠！""十大装修避坑指南""简单、快速提高孩子数学成绩，在家就能实现的方法！""你有电影票待领取！"。

2. 提问式

提问式标题拟定法以提出问题、吸引注意、促进解决为命题思路。这种标题方式普遍利用了人们的好奇心理，从而促进受众点击文案了解详情。提问的方式有很多种，一般疑问、选择疑问、反问都可以使用。

（1）运用一般疑问法。一般疑问句只提问，不回答，制造悬念。这种提问方式可以有效引起受众的好奇促使受众点击进入了解答案。例如："如何快速、高效处理房屋甲醛问题？"。

（2）运用选择疑问法。选择疑问句在提问的同时给出了可供选择的答案，在一个句子中提供了更多的关键词信息，因此可以在多角度吸引更广泛群体的关注。例如："物理方法与化学方法哪个除醛更靠谱？"。

（3）运用反问法。反问句的特点是自问自答，通过反向提问达到加深受众印象的目的。

例如:"难道只有开窗通风才能祛除甲醛?"。

采用提问式的标题拟定方法时,需注意要从受众的角度去思考和体验,根据目标受众的关注焦点进行提问,这样才更容易引起受众的兴趣,才会引发受众进一步探索答案。提问式文案标题示例:"给孩子最好的教育是什么?""汽车防冻液多久换一次才不伤爱车?""孩子越大越难养?教你5招养娃秘笈!"。

3. 对比式

对比式标题就是用比较的方法来突出文案主旨,可以选择同向类比角度,将人、事、物、景、情某方面性质与其类似者进行比较;也可以选择反向比较的角度,即针对比较双方的不同之处或相反之处进行比较。前者通过同向类比可以达到凸显主体优势、长处的效果,增加受众对主体的认可,很多产品销售文案可以用这种方法来凸显品质、价格、功能等优势。例如:"9块9平价面膜带给你超大牌肌肤体验";后者通过反向对比形成强烈反差,达到吸引受众注意的目的,例如:"打工仔逆袭变身商界王者"。

对比式文案标题在拟定的时候要注意以下几点:第一,对比的各方要有一定的可比性,不能为了博取眼球而牵强地扯在一起;第二,对比的事物应该真实、客观,不可弄虚作假、歪曲事实;第三,对比的各方不做刻意的捧、踩,不恶意诋毁。

对比式文案标题示例:"社交礼仪中最能体现大智慧的小细节""比军大衣更有性价比的羽绒服""1 000 元的手机与 10 000 的手机到底差别在哪?""每天 5 分钟,轻松掌握 3 000 常用汉字""蚕丝被和棉花被哪个更好?关乎家人健康!"。

4. 数字式

数字式标题是新媒体文案常见的一种表现形式。与文字表达相比,数字可以在视觉上给人更加直观、深刻的印象,同时在思维上给人更加理性、权威的可信度。数字表达在销量、折扣、时间、排名等方面极具优势,因而在碎片式快速阅读中更容易在短时间内传递信息和取得受众信任。数字式文案标题的形成有以下几种途径:

(1)通过提炼可以用数字化概括的文案主旨,例如:"成为学霸的 5 个训练法""品牌上新,全场 19.9~29.9 元!""1 000 份免单大奖等你来拿"。这几个标题通过数字让受众一眼就知道文案的主旨,并通过数字 5、19.9、29.9 和 1 000 具象化了文案能够带来的阅读价值。

(2)通过数字对比,形成冲突和悬念,例如:"30 岁的你如何才能月薪过 10 000?""只洗 1 次头,保持 7 天不油腻""教给你 1 小时涨粉 10 万的秘密"。这几个文案标题将对比方法与数字强强联合,带给受众双倍强烈的视觉冲击和思维震撼,吸引受众点击浏览。

(3)尽可能将文字表达转化为数字表达。众所周知,数字更容易说服人。一是因为在众多的文字表达中,数字因视觉上的简洁性优势更容易引起受众的注意。二是因为数字表达往往代表更加客观、明确和严谨,易于使人信服。因此,利用数量表达、时间表达、倍数表达、百分比表达等,让你的标题更加简洁、有力!例如:"护眼能力优于蓝莓 10 倍的水果,你知道吗?""99% 的人都用错洗碗机了!""与你相伴的 2 562 天……"。

5. 悬念式

悬念式文案标题是通过设疑的方式,从背离人们正常思维的角度来拟定标题,从而吸引人们追其究竟。众所周知,文案标题是影响受众是否愿意点击文案的关键因素。从某方面讲,如果文案标题没有一定的悬念,受众可以一目了然地清楚文案主要内容,可能就不会有强烈的兴趣再点击进入浏览了。因此，悬念式的文案标题是吸引受众眼球的一种好办法。悬念式文案标题可以从以下几个角度进行设置悬念：

（1）警告设疑。这种标题拟定法往往选择一些与通常认知相反的立意，从而引发受众怀疑已有认知，并想要一探究竟！这类型的文案标题有：" 小心那些长得好看的水果！"" 警惕！你是不是也在用这种方法烧开水！"" 带娃坐火车出行的家长一定要知道这几件事！"。

（2）启发设疑。启发设疑法只将次要信息展示出来而故意隐藏重要的信息，吸引受众不禁好奇被掩盖的重要信息是什么，从而顺理成章地打开文案去了解内容。需要注意的是，在运用这类文案标题时要保证所隐藏起来的重要信息对于受众来说是有启发意义和指导价值的，受众浏览过后可以有所得。如果只是单纯为了吸睛而制造噱头，受众浏览过后觉得是在毫无意义地浪费时间，那么就会产生屏蔽、取关等负面影响。这类型的标题文案有：" 磨耳朵、刷分级阅读？更重要的英语启蒙秘诀在这里！"" 老老实实拼命加班，你真的能成为领导赏识的打工人吗？"" 没有注意这一点，再贵的衣服也穿不出高级感！"。

（3）结果设疑。结果设疑是一种常见的悬念方式。在文案标题中将最终的结局进行留白处理，让受众不禁产生各种各样的假设和好奇，并迫切期待在文案中找到真相来验证自己的猜测。在这个过程中受众不仅会得到于己有利的一些价值，也获得了刺激的阅读体验，是一种能够获得高点击量、转发量和良好评论互动的标题！这类型的标题文案有：" 在海淀陪读到小学毕业，我才知道……"" 2 999 元的洗地机竟然让地板变成了这样……"" 她疯狂增重的真相背后……"。

6. 热点式

要想文案有高点击率、高转发量和高曝光度，成为热文或者爆文，那么在文案标题上借助一些社会热点来进行造势是一种快速可行的方法。热点式文案标题可以从人和事两个角度来提升热度。

（1）借助热点人物。公众人物通常具有较高的关注度和公信度，很容易形成群体模仿和带动效应。在标题中借助娱乐影视明星、行业专家、网红人物的热度能快速引起受众的兴趣，从而增加文案吸引力。例如：" ××（明星）同款运动手表"" ×××（专家）也在用的净水机"" ×××（公众人物）邀你一起来跑马拉松"。受众看到这些标题，可能会想要通过文案了解公众人物的生活是什么样的，也可能更容易相信他们的权威性而接受文案推销的产品或价值理念，还可能会通过使用同款产品来效仿公众人物的行为。

（2）借助热点事件。新闻热点无时无刻不在发生，时事热点事件是给文案标题增势的重要手段。相比热点人物而言，热点事件有更广泛的适用度和新鲜度。例如，2024 年年初因旅游而火遍全网的哈尔滨以及多地发生地震等热点事件，都快速在各大新媒体平台得到了广泛关注，并由此可以拓展到多角度的文案创作。例如介绍安全逃生常识和引导人们珍惜当下的文案：" 地震突发，你必须知道的保命方法！"" 你手机的地震预警功能开了吗？"；借助哈尔滨旅游项目介绍少数民族历史的文案：" 被'尔滨'喊出来的鄂伦春族到底有多神秘！"。

借助热点来增加标题效果需要注意：一是把握好热点时机，迅速反应。热点事件具有较强的实效性，在互联网世界里，事件热度随时可能发生巨大变化，错失热点时间红利就失去了获得关注的可能性。二是摸准热点脉搏，传播正能量。热点事件往往具有较强的共鸣性，因此才能获得社会公众的普遍关注。而公众性的热点事件往往会产生很多不同声音，因此在借势热点的时候应该保持清醒、客观,做到尊重事实、尊重普遍的社会价值观,不歪曲造谣、不空搞噱头、避免不良引导、杜绝"标题党"。

7. 新闻式

新闻式标题具有简洁、正式的特点,通常用于发布重要而权威的事件、声明等新闻性质的文案。这类文案多以铺陈事实、阐述观点态度为主,具有很强的时事性和严肃性,因此需要搭配正式且严谨的标题。比如在宣布企业重大事项变化、产品发布或召回、公布事态回应等情景下,使用新闻式标题,更能够体现企业的责任心及对待事件的态度,从而取得受众的信任,达到有效宣发的目的。如"多名百万级别网红因非法牟利被判刑",通过标题,受众可以准确获得主体、事件、时间、结果等关键信息要素。

8. 利益式

利益式标题是将受众能够得到的利益明显地在标题中凸显出来,以利诱之!使受众不得不点击文案进一步了解详情。影响商品销售的关键因素首先是产品或服务的品质,另一个就是价格,人们总是希望以更优惠的方式达成交易。由于新媒体平台的信息更新较快,资源很容易被新生信息冲刷掉,直接表明优惠信息的标题更会促使受众赶快抓住这个好机会,从而快速实现变现。如"只限今日!全场最低1折!"。除了价格优惠以外,另一种利益就是获得某种权利或是知识、技能。这类利益通常不像价格那样显而易见,例如对产品售后服务给予升级、增项,这种权利仅在购买后的使用过程中会得到,没有强烈的当前吸引力;或者学会某些知识、技能往往需要一定的时间和精力,没有立竿见影的效果。因此在展示这类利益的标题时,需要通过合理措辞削弱利益实现的困难,让其更具吸引力!例如:"有了这套学习方法,高中数学不用愁!"。

9. 证明式

证明式文案标题以见证者的身份来宣传产品、服务或是品牌。在消费场景下,人们对于独立第三方的参考意见较为重视,认为他们的感观、体验和评价可以脱离销售利益而存在,因而更具客观性和真实性。这种心理下催生了以使用者、体验者或是测评者为身份进行表述的新媒体文案。这种文案从受众的角度出发,以口述或举证的方式传递信息,语言通俗易懂或权威严谨,极易获得受众信任或是引起共鸣,具有与官方文案截然不同的宣传效果。证明式文案标题案例有:"亲测!减龄又显气质的口红色号""从不及格到满分,我带孩子学习英语的好方法!""299元以内的十款平价台灯测评"。

【案例广角镜】

又"翻车"了!新媒体人应该知道这几个标题原则!

如图2-7所示,这样的标题之所以引发舆论激烈批评,主要有以下三方面原因,需要身处宣传职能关键岗位的"关键人"时刻加以自我提醒。

一是人为泛化制造群体标签容易埋下风险隐患。在涉酒驾这个特定议题上,男性和女性并没有任何原则性的区分必要。也就是说,微信推文使用"其中女司机25人""她们喝了多少"这类容易引起舆论对女性酒驾人群高关注度的标题,会诱导舆论不自觉地形成对女性群体的不友好观感,这是舆论宣传工作的禁忌。

二是正面宣传与警示惩戒之间自带情感冲突风险。这其实是一个老生常谈的问题。进一

最新回应!
衢州交警致歉!

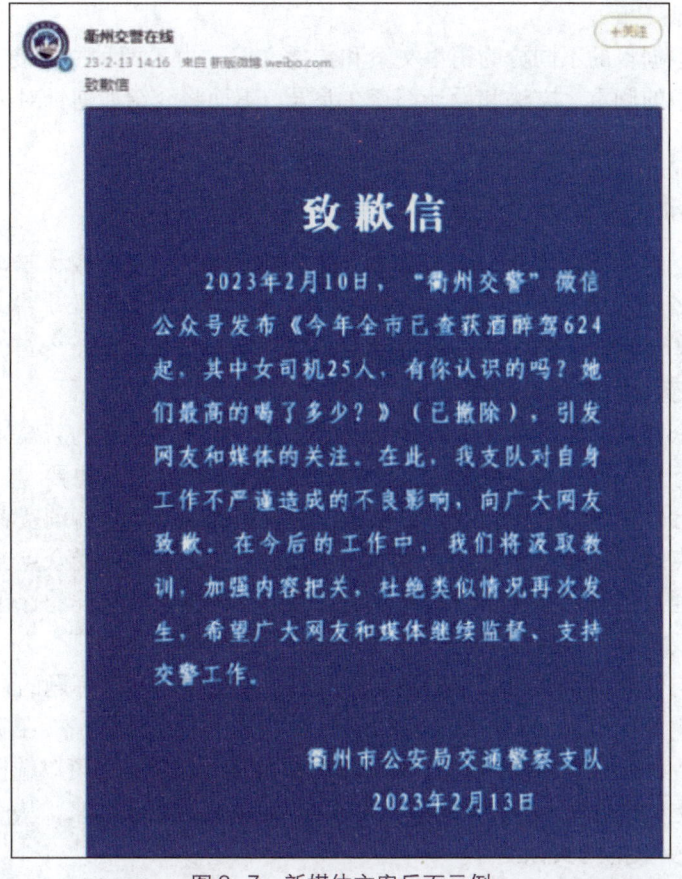

图2-7 新媒体文案反面示例

步分析衢州交警发布这条微信的动机可以发现，衢州交警想通过发布这样一条带有警示惩戒意义的宣传微信，来教育和引导更多人不要触碰酒驾这条规则红线。但需要注意的是，这样的微信本质上是基于对当事人进行法律法规的惩罚及在舆论层面制造负面影响的惩戒教育，具有天然的压抑情感属性，这与向先进典型学习这样的正面宣传势必存在情感情绪上的本质冲突，这也就是为什么舆论在看到这条微信"其中女司机25人""有你认识的吗？"这些刻意提及女性酒驾群体语言后感到非常不舒服的关键原因，特别对于广大女性群体而言，会显得更加突出。

三是标题语言一旦渲染过度容易适得其反。分析认为，标题语言在尺度和分寸上的拿捏，历来就考验宣传工作者把握互联网舆论规律的能力，这是因为受到新媒体舆论宣传KPI需求影响，一些政务新媒体宣传岗位的从业者就会有意识地将"越新奇越容易引发关注"的社交媒体特点奉为从业圭臬，而全然不顾一旦过度过分而引发负面舆论的风险隐患，这也是为什么我们一直强调三审三校重要性的深层次原因。在初稿编辑因为意识缺乏而没有兼顾到这块的时候，是需要复审、终审的分管同志加以针对性的改正。

（资料来源：人民号）

【知识准备】

新媒体文案根据目的不同分为销售文案和传播文案。由于两种文案要达到的目的不同，因而在写作过程中的侧重、方法和设计都存在差异。下面将介绍如何针对不同目的的文案进行写作的技巧。

三、新媒体销售文案写作

新媒体销售文案是新媒体文案中十分重要的一种类型，通过新媒体平台宣传、介绍产品性能、优势、价格，帮助客户挖掘和明晰自身需求，并进一步转化为购买行为。为实现销售促进，在销售类新媒体文案写作中应注意处理好以下问题。新媒体销售文案写作的三要素包括：

1. 吸引目标受众的注意和兴趣

吸引目标受众注意最关键的要素就是文案的标题，此外，一般的新媒体平台都可以搭配宣传主图与文字标题一同出现。因此，文案标题及主图的选择极其重要。

在文字性的标题拟定过程中，我们可以选择利益式标题，通过将消费者利益直观地摆在眼前来吸引受众点击；也可以采用悬念式标题，以设疑的方式引导受众点击了解；还可以采用对比式标题，通过强烈反差吸引目标受众注意等。具体选择什么样的标题方式需要深入研究推荐产品的主要卖点，也可以结合多种标题设计方式的精髓。

主图的选择与使用通常要与文字标题互相照应，主要是对文字标题的补充体现。图片方式更能在色彩、内容上形成视觉注意，吸引目标受众进一步了解详情。在实际运用中，可以选择所推销的商品宣传主图，帮助目标受众形成良好的第一印象；也可以选择场景运用图，这样更能引起目标受众的共鸣，不自觉地将个人感受与商品使用联系起来，从而产生购买欲望。

2. 激发目标受众的购买欲望

激发起目标受众强烈的购买欲望是一个销售文案成功的重要一环。

其一，消费者的购买欲望首先来自商品与自身实际情况的切合度。因此，可以通过文字、图片、视频等方式代入商品的日常使用场景从而引发共鸣，让受众感觉到商品与自己的生活息息相关，这是产生购买可能性的第一步。在素材选择过程中，需要创作者首先以一名消费者的身份和心理去思考问题：假设我是一名消费者，我会经常遇到什么样的问题？我更期待一种什么样的工作、生活状态？这样才能获得更多的灵感，找到更容易引发情感共鸣的卖点。

其二，消费者的购买欲望更主要来自商品的性价比，需要通过展示商品性能的完善、功能的强大和使用的便利等细节问题来解决。由于商品并不能被受众所亲眼看到、摸到和测试使用，因此需要用更多精力创作文字文案，将商品各方面细节翔实描述；用更真实的图片、视频资料支撑展示，如使用短视频或分解图展示商品安装、使用方法；用更权威的证据彰显品质，提供权威性的证明文件、新闻报道、销售业绩、顾客反馈等。最终得到目标受众对商品的认可是刺激购买的基础。

3. 引导目标受众产生购买行为

将商品需求转化为实际购买行为是新媒体销售文案的最终目的。由于受众从认知商品到认可商品再到购买商品的过程并非是自然而然的事情，因此在文案创作中必须增加一些手段和技巧来促使交易完成，以下是一些引导目标受众最终完成购买的方法。

利益诱惑：出让给消费者一定的价格优惠是促成交易的最有效办法，同时可以配合设置时限的手段，营造"机不可失，时不再来"的稀缺感和紧迫感。常见的方式有价格折扣、抽奖福利、发放优惠券、赠送赠品等。在文案创作过程中，可以利用凸显文字或者图片的方式来强化这些非常有利于消费者的购买信息，加深目标受众对活动力度的印象。

承诺保证：影响受众是否决定购买的另一个重要因素是诚信。由于商品并没有真实展现在眼前，受众可能会对商品、渠道、厂商等诸多因素产生怀疑。例如，怀疑文案内容的真实性，如文字表述是否有夸大宣传、模糊表述等问题，图片、视频是否经过特殊编辑处理等现象；怀疑商品是否为假冒伪劣产品，是否存在售后问题；怀疑文案发布的平台和购买渠道是否正规、可靠。因此，在销售类文案创作中应有一定的承诺保证，如7天免费试用、无理由退换或者售后全国联保等信息。

购买便利：可以随时随地接收、了解商品信息，快速、方便地实现购买是新媒体销售的一大特点。在新媒体销售文案中要给予受众明确的购买指导，这是最终促进交易的重要环节。通常新媒体销售文案会提供"一键下单""立即购买"或者"阅读原文购买""扫描二维码购买"等明显提示。受众在阅读文案后可以直接完成购买行为。

【案例分析】

天猫购物平台文案——美的即热式饮水机

在互联网技术、数字化媒体和移动终端的发展带动下，人们越来越熟悉和热衷于线上购物的方式，淘宝、京东、拼多多等常见的购物平台成为日常商品销售的重要阵地。新媒体销售文案有商品标题文案、商品主图文案、商品详情页文案等多种形式。

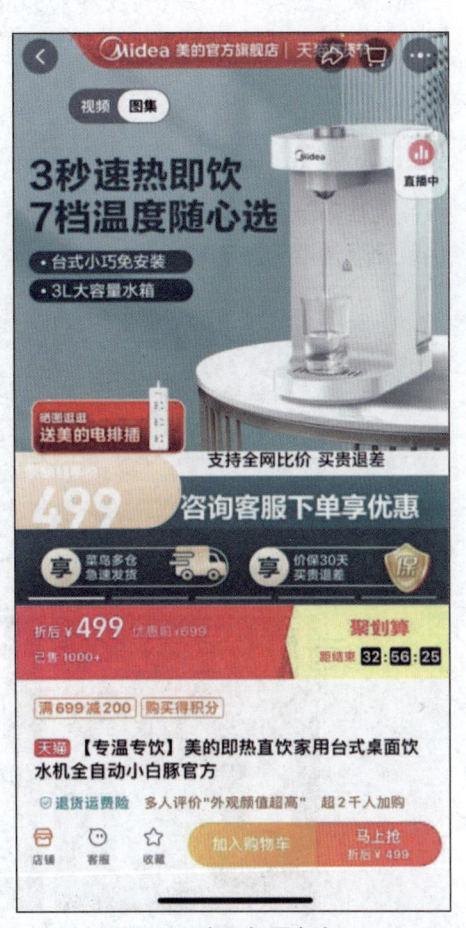

一、商品标题文案

商品标题文案是对商品基本信息、功能的综合描述。为了更好地满足用户需要，提供更符合用户需求的商品，几乎所有的购物平台都具备按需搜索的功能。商品标题文案需要尽可能全面、准确、简洁地体现商品关键词以适配用户搜索的要求，这样才能最大限度增加商品曝光度。通常情况下，商品标题文案应该包含以下核心信息：品牌、品名、型号、类别、属性等。如"美的即热直饮家用台式桌面饮水机全自动小白豚官方"即为案例商品的标题文案。

如图2-8所示，商品标题文案包含了较为全面的商品信息。

品牌：美的
品名：小白豚
类别：桌面饮水机
属性特征：即热、直饮、家用、台式、全自动
卖点：专温专饮

通过以上标题设计，可以最大化契合多种关键词搜索要求，如"美的""饮水机""即热""小白豚"等，并以"专温专饮"为主要卖点吸引受众注

图2-8 商品标题文案

意。(资料来源:天猫美的官方旗舰店)

二、商品主图文案

图、文结合是新媒体表达的常见方式,几乎所有的新媒体平台都支持将文字、图片、视频、声音等多种元素结合在一起,形成更加真实、立体、生动的传播效果。在新媒体销售文案中,主图文案就是在商品展示的图片上搭配的描述性文字,它是标题文案的强辅助。主图文案通过视频、图片打造直观的视觉效果,配以强化卖点的文字,使受众感觉到仿佛商品就在眼前、卖点触手可及,进而迅速吸引受众注意力。

主图文案根据表现形式的不同分为视频主图文案和图片主图文案。

随着短视频的日渐流行,视频主图的方式在新媒体销售文案中越来越普及。一方面,视频主图可以更好地展示商品外观、内部结构、功能特点、使用方法等,可以帮助受众快速、高效地了解商品具体细节信息。另一方面,视频主图在展示使用场景、传播品牌形象等方面更具优势,增强受众代入感和对品牌的信任程度。视频主图文案要注意语言风格应符合受众偏好;表述的方式应通俗、易懂;卖点体现应鲜明、突出。

图片主图通常为一组图片,数量在4~5张,甚至更多。以组图的方式可以从多角度展示商品,多方面介绍商品特性,全方位构造商品形象。相比于视频主图的形式,图片主图提供给受众更便利的信息筛选权,受众可以根据自己的需求,对某一张主图信息进行更详细的了解,满足受众的个性化需要和购买效率。其一,图片主图文案的设计应注意文字的简洁,避免烦冗,以便受众阅读;其二,选择恰当的表述方式,可以运用排比、拟人等修辞手法,提高阅读美感;其三,强化商品特点、体现使用利益,引导受众形成对商品属性有针对性的关注,强化商品优势在受众心中的深刻印象。

如图2-9所示,案例商品的主图文案既用恰当的文字展示了商品主要属性,同时又将商品属性带给受众的使用利益凸显出来,为受众塑造了功能全面、使用方便的良好印象,提供给受众清晰的购买理由。

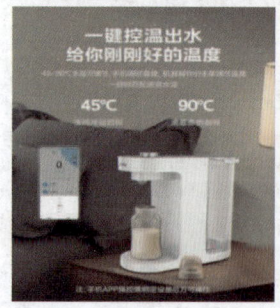

图2-9 商品主图文案

优点1:"3秒速热即饮,7档温度随心选""3 L大容量水箱""3 L≈8 杯水"等文案借用数字形式表述,增加了视觉效果,能让受众马上抓住关键信息,并形成具象认知。

优点2:文案内容上设计了主次之分,既凸显了商品各方面的主要功能,又给出了详细的解释说明,增加了受众信任度。如"轻触热水即来,健康鲜饮不久等""3 L可视窗大水箱,随时畅享鲜活水"这些是主要文案信息;"升级2 100 W即热系统,告别提前加热千滚水"和"满足2~3人日常饮水需求,无须频繁加水"这些是对主要文案信息的补充和说明。此外,主要文案信息和辅助文案信息,通过字体大小和颜色的差异在视觉上形成鲜明对比,更好地衬托了主要商品信息的展现效果。

优点3:细节文案描述,代入多种场景,吸引不同受众群体注意。"45 ℃宝宝奶粉""80 ℃美式咖啡""90 ℃龙井茶"这些文案用简洁、清晰的数字和文字表达,很容易吸引宝妈、上班族、养生人群等不同的受众群体自然地联想到各自的生活场景,强调了"专温专饮"的卖点,从而激发购买欲望。

优点4:从受众角度出发,抓住关键要素,刺激购买欲望。"一键控温出水""手机调好温度,机器操作时无需调节温度,一旋即匹配适宜水温"这些文案内容介绍了商品具有非常人性化的使用方法。并补充了"45 ℃夜间冲调奶粉"和"90 ℃清晨煮热咖啡"这两个文案信息,将受众代入夜间和清晨这两个特殊时段的使用场景,加深了"一键控温出水"功能的优越性,增加了受众想要购买的欲望。(资料来源:天猫美的官方旗舰店)

三、商品详情页文案

再好的商品如果无法触及目标受众,也不能够打动目标受众就无法实现销售。标题文案和主图文案力求以最简洁的方式展示商品属性和优势,达到快速引起受众注意和兴趣的目的。然而,受众从注意到商品到购买商品之间还有很重要的一个环节,就是对商品细节的把握。这个环节的完成需要商品详情页文案来辅助完成。

商品详情页文案就是以图、文的形式较为全面和细致地对商品各方面属性进行展示,如外观设计、构造原理、核心技术、功能、材质、使用方法、消费者口碑、售后保障以及价格优惠等。由于商品详情包含众多信息,文案创作者需要选择最容易打动受众的痛点出发,合理安排各部分细节展示的顺序和方式,形成一个内容紧凑、亮点突出、逻辑严谨的详情页文案。这样才能最大化满足受众对商品的认知需求,成功将购买兴趣转化为购买行为。商品详情页文案需要注意以下两个方面:

从受众的角度出发。要想打动目标受众,文案创作者首先应该保持与受众利益一致,站在受众的角度去思考问题,从而找出最能影响受众购买的因素。例如,受众在生活、工作中经常会遇到什么样的问题和困难?受众在使用商品的过程中比较看重的是哪些方面?受众期望得到什么样的使用价值或心理满足?受众在购买及使用过程中最担心、害怕的情况是什么?对这些痛点问题进行了解和思考,是设计商品详情页文案的前提。

从商品核心出发。俗话说"巧妇难为无米之炊",好的商品详情页文案必须从商品本身出发,否则再光鲜亮丽的文案也很难促进消费者去购买。详情页文案重点打造的是两方面的商品价值。一是展示商品性状、功能、利益这些使用价值;二是展示商品所附加的非使用价值,如商品品牌所代表的身份和形象、商品附加的优质服务和体验、在商品使用过程中感受到心理满足和情感愉悦等。在展示使用价值的文案描述中应做到客观、真实、专业,避免夸大其实和表述错误;在体现非使用价值的文案描述中应注意适当和正向,避免喧宾夺主和不良引导。

如图2-10所示，商品详情页文案通过对比、举例和举证的方式展示商品特性。

(a)

(b)

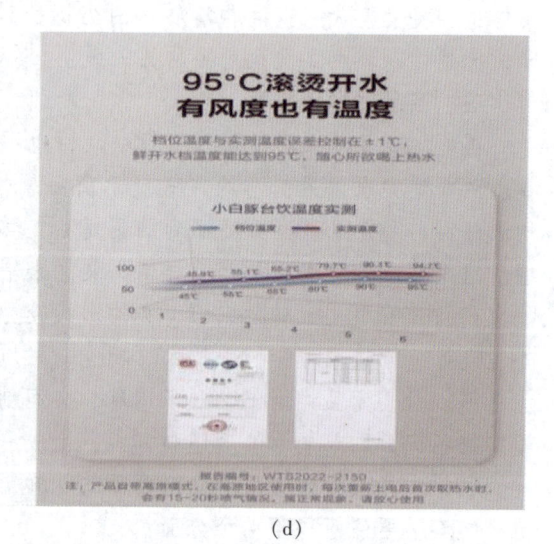

(c)

(d)

图2-10　商品详情页文案（1）

a 图：用"5挡水量可调，WIFI调控，水满即停"的文案，搭配标注有"150 ml""200 ml"等数字文案的图片，清晰地展示了商品的智能性和多种场景的适用性，提升商品性价比。

b 图：用图文对比的形式，将商品与相似功能的其他产品进行性能比较。一方面，触及了消费者在使用老旧商品过程中的痛点。另一方面，加深了消费者对更加便利、健康、智能的新商品的向往，提供给受众合理的购买理由。

c 图：用"绑定 APP、智能 IOT 联动。远程调控、7天~1年饮水报告"的特殊关键词文案，凸显智能化、精准化的品牌理念，展示产品所代表的高技术性，吸引受众形成对高度智能化、高品质化生活状态的追求，激发购买欲望。

d 图：用线状图、质检报告的形式举证商品性能描述的真实性，增加受众对商品质量保证的信任，强化购买决策。

如图2-11所示，商品详情页文案通过提供限时优惠和承诺保证的方式增加受众信任，促进购买欲望转化成实际购买行为。

图2-11　商品详情页文案（2）

左图：300和888的数字形式能够有效吸引受众注意力，用"前300名送888元红包""咨询客服领券更优惠"的文案刺激受众抓紧时机立即购买，是促进受众产生购买行为的有效手段。

右图：用"世界500强""深耕净饮水行业23年""产品畅销40多国家和地区""6 000+售后网点""68项性能测试""24项可靠性测试""22项安规测试标准"等数字表述吸引受众注意，强调严谨的品质保证，增加受众对商品的信心，从而吸引受众产生购买行为。

用"原厂生产，拒绝代工""严格选材，拒绝回收料""严苛测试，拒绝安全隐患"的句式增强表达力度，解决消费者对于产品安全、售后等重要问题的顾虑，推动受众产生实际购买行为。

（资料来源：天猫美的官方旗舰店）

【知识准备】

四、新媒体传播文案写作

新媒体传播文案以树立品牌形象、宣扬品牌文化、提升品牌知名度为目的。虽然与新媒体销售文案目的不同，但对于企业而言二者是缺一不可、相辅相成的，它们从不同的角度、以不同的方式共同服务于企业发展。由于新媒体传播文案具有发布成本低、传播速度快、互动性强和受众接受度高等优势，越来越受到各类企业、团体组织的青睐。从某种长远的眼光来看，传播文案更有助于企业的持续发展。

1. 新媒体传播文案的特点

（1）推广方式隐于无形。

与销售文案不同，新媒体传播文案通过"润物细无声"的方式，巧妙地达到为商品、品牌进行推广和宣传的目的。

（2）推广途径多种多样。

一方面，新媒体传播文案可以通过发布品牌最新动态新闻、讲述品牌故事、推广相关技术和经验等方法进行推广工作。另一方面，微信、微博、抖音、今日头条等众多新媒体平台都可以进行传播文案的发布。

（3）推广效果深远牢固。

受众在浏览相关资讯的过程中很自然地接收到了品牌、产品的相关信息，并潜移默化地逐渐加深了对品牌的认知，形成了对品牌的好感。这种推广方法虽然收效较慢，但却能深入人心，一旦在受众心目中形成了深刻印象，就能产生非常有效的客户忠诚度。

2. 新媒体传播文案的表达形式

新媒体传播文案可以通过硬广告以外的任何形式，传递有助于树立品牌形象、增强品牌认知度的任何信息。因此，新媒体传播文案的写作需要更高的表达技巧，按照传递信息的特点，选择合适的推广、展示方法才能达到良好的推广效果。下面介绍几种常见的新媒体传播文案的表达模式。

（1）新闻发布模式。

人们在网络中花费时间浏览自己感兴趣的信息，不仅仅是为了满足休闲娱乐的需要，更重要的目的在于汲取网络技术所带来的优质共享资源。大众希望在碎片化的时间里通过浏览对自己有价值的资讯来提升自身的某方面水平。例如，及时获得与自身工作、学习、生活相关的新闻动态，以拓展自己的眼界、增强自己的认知水平、保持与时代一致发展的步调。所以，将新媒体传播文案包装成一则新闻是种很容易被大众所接受的表达形式。为了更贴近新闻的形式，新媒体文案写作中应保持"新"与"真"这两大新闻要素。用"新"鲜的事物、观点、知识和话题来吸引大众注意，用"真"实的人、事、物和观点、技术等来支撑文案的内容。

（2）经验分享模式。

经验分享模式的新媒体传播文案越来越受到创作者和受众的喜爱，这种文案表达形式既能够带给受众有效价值，又能够实现发布者想要达到的推广效果。对于创作者而言，在资讯大爆炸、信息鱼龙混杂的环境下，经验分享式的新媒体传播文案往往更容易获得点击量和转发量。对于受众而言，这些已经"被实践检验过的理论"更具可信度，学习这些亲历者的经验能够让自己获得更多的"集体智慧"，帮助自己减少"走弯路"的代价。经验分享模式的传播文案在创作过程中同样要注意避免华而不实的文案内容，要把真正具有实际价值的经验和体会分享给受众，才能得到受众的认可并进一步产生转发、转载的二次传播效应。

（3）故事讲述模式。

故事对于人类而言极具吸引力，将传播文案包装成故事的形式，通常不容易被受众拒绝。大众在流畅的故事阅读中，在戏剧性的故事情节中，不知不觉接触到创作者想要传递的信息，达到有效触及目标受众的目的。故事型新媒体传播文案的魔力在于用图片、文字、音频、视频多种效果叠加形成了立体渲染，让受众不自觉地将自身情感融入故事中，形成深刻的情感认同，促使品牌形象深入人心。

新媒体传播文案的故事通常从以下的角度进行选材：

（1）品牌故事。

这个立意角度选材于品牌创立、发展的故事，创始人创业、拼搏的故事，员工成长、进步的故事等方面。无论是百年历史的大型企业，还是刚刚起步的小规模企业，其背后发展过程中一定是有故事可讲的。选择好的角度和立意分享给受众，可以加深受众对品牌精神内涵的理解、对品牌文化的认知，从而建立起品牌与受众之间的情感联系。

（2）产品故事。

产品故事可以选择讲述某一产品从无到有的研发过程、科学严谨的生产过程等内容。受众在故事中了解产品的细节与优势。例如，严格把控的原材料供应、精益求精的品质追求、温暖备至的客户关怀等。通过以小见大的方式，由单个产品升华到整个企业。

（3）用户故事。

最能打动人的故事莫过于与大众生活贴近的平凡小事。选择以普通用户的身份讲述生活中与产品或品牌有关联的故事，受众在故事中很容易将自己代入主人公的情绪，或是联想起自身的类似经历，从而产生情感共鸣，获得好感。

4. 展示技术模式

展示技术形式的新媒体传播文案走的是高端路线。首先，技术上的先进性和创新性代表着企业雄厚的实力，也传递了企业不断追求卓越的发展理念，展示所掌握的先进技术是赢得消费者信任和偏好的关键因素。其次，大众普遍对最新的技术发展有较高的关注度，如果某项技术具有较高的社会价值，还会引发媒体的争相报道，进而带来行业领域内甚至是全社会的广泛舆论。展示技术形式的传播文案往往承载着较高的受众期望，人们希望在文案中了解到新技术的具体情况，特别是对工作、生活带来的实际提升作用。因此，这种文案内容要保证真实性和新颖性，要凸显新技术所带来的新变化、新体验和新效率。万万不能出现"换汤不换药"的陈词旧闻。需要注意的是，技术展示型的传播文案必然具有一定的专业度，在文案表述上应尽量采用通俗易懂的表达方式。否则，受众可能因为文案过于枯燥、难懂而放弃浏览。

5. 情感共鸣模式

中国人是非常重视感情的，"晓之以理，动之以情"，让受众产生情感归属是传播文案的重要武器。亲情、爱情、友情是经久不衰的人类话题，同事之间并肩奋斗的情谊、邻里之间互相帮扶的情谊、陌生人之间萍水相逢的情谊……这些题材都能很好地运用于传播文案创作中。要想创作出好的情感共鸣式传播文案，需要对品牌内涵有深刻的理解能力，还需要具有对生活细节的敏锐的感知能力，才能将二者微妙地结合在一起，于最细微之处显最真挚之情。

【案例分析】

「白酒」跨界的浓香冰淇淋，今年中秋有惊喜

如图2-12所示，本则文案案例结合了多种文案创作方法和技巧，阅读量达到10万+。

优点1：文案标题用"白酒""冰淇淋"和"中秋"为关键词，让受众了解文案主题，又以"「白酒」跨界的香浓冰淇淋"为悬念，吸引

「白酒」跨界的浓香冰淇淋，今年中秋有惊喜

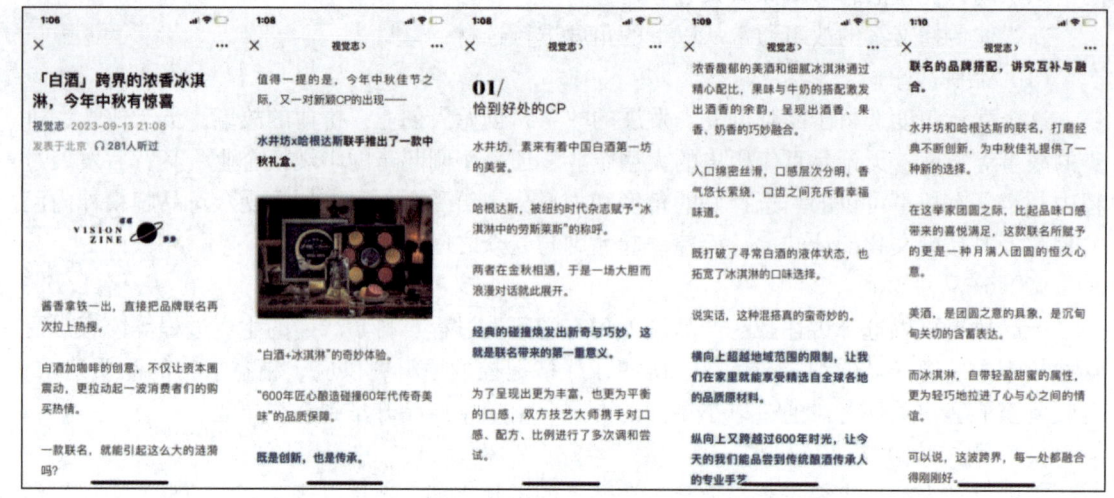

图 2-12 「白酒」跨界的浓香冰淇淋，今年中秋有惊喜

读者的好奇心。

优点 2：文案开头借势"酱香拿铁"的热门话题巧妙开篇，并用"一款联名，就能引起这么大的涟漪吗？"进行设问，吸引读者进一步了解详情，由此引出"水井坊×哈根达斯联手推出一款中秋礼盒"的主题。

优点 3：文案通过围绕"600 年匠心酿造碰撞 60 年代传奇美味"的核心，展示品牌的传承与创新理念。

"600"与"60"的数字表述强调了悠久的品牌沉淀。

"水井坊，素来有着中国白酒第一坊的美誉"和"哈根达斯，被美国时代杂志赋予'冰淇淋中的劳斯莱斯'的称呼"，以用户口碑和知名杂志报道的形式展示了品牌的公众印象。

"一独双香，三加六更""浓缩着水井坊九代大师的匠心与传承""至今 600 年生生不息，作为白酒界的无字史书，水井坊俨然成为一种活态文化"，以及"波兰人的发明，斯坦迪纳维亚的名字，美国的工艺，马达加斯加的香草，美国俄亥俄州及华盛顿州的草莓，比利时的巧克力"，细节描述体现出品牌的品质与标准。

优点 4：传递追求品质、美好生活的价值理念。

"'过一种尽情尽享，尽善尽美的生活'，也是哈根达斯希望能通过产品传达给每一个消费者的美好理念"。

"美酒，是团圆之意的具象，是沉甸甸关切的含蓄表达""冰淇淋，自带轻盈甜蜜的属性，更为轻巧地拉近了心与心之间的情谊"，传递出"月满人团圆的恒久心意"。

"我们不止品味冰淇淋带来的新奇清凉的口感，更是在这团圆日，阖家享受品牌带来的品质的象征和对美好未来的期许"。

优点 5：激发兴趣和欲望，提升品牌好感。

"浓香馥郁的美酒和细腻冰淇淋通过精心配比，果味与牛奶的搭配激发出酒香的余韵，呈现出酒香、果香、奶香的巧妙融合"，"入口绵密丝滑，口感层次分明，香气悠长萦绕"的细节描述代入受众真实的体验感。

"在中秋佳节，月色光辉的流转下和家人团坐，品味酒香冰淇淋带来的浪漫甜蜜，聊聊家常倾诉心中的情愫",触发受众对所述情景的向往。

"让节日少一些空洞的祝福语,多一些真切的陪伴,和触手可得的温馨浪漫"引发受众产生同理心。

优点6:结尾巧妙运用金句,引人深思。

结尾以"谁不愿为更美好的生活买单呢?"进行反问,强调了追求美好生活的理念,进一步击中受众心灵。

(资料来源:节选自微信公众号"视觉志",2023 年 9 月 13 日发布)

【知识准备】

在激烈的新媒体竞争中,不同新媒体平台有不同的定位、不同的深耕领域和不同的规则。了解不同平台文案的特点和写作技巧,是做好新媒体文案工作的重要前提。

五、微信平台文案写作

根据腾讯控股发布的 2023 年第二季度财报数据显示,截至 2023 年 6 月,微信及 WeChat 的合并月活跃账户数达 13.27 亿。超大规模和活跃度的用户基础带来了巨大的营销空间,微信成为各类商家宣传品牌、推广产品的重要平台。

(一)微信平台的新媒体文案类型

1. 朋友圈文案

朋友圈是微信的主要功能,用户可以通过文字、图片、视频、链接等多种方式,分享、交流工作或者生活中的各种信息。朋友圈文案按照发布主体不同又可以细分为两种。一种是我们最为熟悉的个人所发布的朋友圈文案,其内容和方式多种多样。可以是生活中琐碎事情的记录,可以是实时心情的分享,可以是经验、技能的传播,也可以是工作相关的推广等。这类朋友圈文案风格迥异、个性化鲜明,体现着强烈的个体特征,具有较好的社交互动性。另一种朋友圈文案是企业所投放的朋友圈信息流广告,这一功能于 2015 年推出。朋友圈信息流广告表现形式与普通朋友圈文案相似,同样具有评论、点赞等互动效果,一般在文案右上方标注"广告"字样。这类朋友圈广告可以用于品牌或产品的宣发、交流。

2. 公众号文案

公众号面向企业、组织、媒体及个人,通过申请注册应用账号,以公众号消息会话和公众号内网页为途径来为用户提供服务。公众号根据功能和对象不同分为订阅号、服务号、小程序和企业微信 4 种基本类型,其中以订阅号和服务号两种类型为主要的资讯推广平台,小程序可以添加在其文案中。订阅号是强调信息沟通与管理的一种公众号类型,侧重于对用户进行资讯传播,每天可以群发一条消息。服务号侧重于服务交互,为企业提供强大的业务服务和用户管理功能,每个月可以群发 4 条消息。公众号文案就是在以上渠道与特定群体进行全方位沟通、互动所发布的各类图、文、视频信息。随着微信用户群的全民化普及,越来越多的人关注到公众号文案。

(二)微信平台新媒体文案的特点

1. 传播度高

微信平台文案传播度高表现在两个方面。一方面,朋友圈社交属于熟人社交,朋友圈可见范围通常都是有一定关联的人群,如同学、同事、同乡、邻居或朋友,彼此之间关联紧密，熟悉度高。因此，朋友圈文案可以通过个体之间的情感联系和信任基础获得较好的关注度和传播度。例如，某微信用户发布了一条亲子照片的朋友圈，并配文分享了拍摄经历和感受。这种动态很容易收到微信好友的点赞和评论，并极有可能吸引有类似摄影需要的人请求推荐这家摄影机构的信息。另一方面，微信公众号信息以精确的方式推送给订阅者，这些订阅者可能是某服务号的客户，也可能是因兴趣爱好而关注了订阅号，因此具有较好的接受度和关注度，公众号所发布的信息更易于被分享、评论和点赞。

2. 生活化强

微信是一个功能强大的社交平台，其文案无论是形式还是内容都更加贴近受众生活。在内容上，朋友圈文案基本来源于生活素材，或是日常趣事，或是心情分享；公众号文案也大多以日常话题为主，如美食、旅游、热点等资讯分享或是生活常识科普。在形式上，无论是朋友圈文案还是公众号文案都表现出较强的生活化气息，文案语言贴近口语，添加各种流行的网络语言和表情，用轻松、日常的聊天形式营造与受众沟通的亲近感。

（三）微信平台新媒体文案写作技巧

微信朋友圈属于私人社交，相比之下公众号则更加开放，具有更广泛的关注面和传播度。因此，这里仅针对公众号文案的写作技巧加以介绍。公众号文案基本包含标题、封面图、摘要和正文四个部分。

1. 标题技巧

公众号文案标题的设计仍遵循新媒体文案标题的基本写作方法，可以采用对比、提问、设疑等多种方式来吸引受众注意。需要注意的是，为了能够在众多信息中帮助受众快速筛选有益信息，公众号标题尽量精练体现出主题相关的关键信息，让受众可以根据标题大致了解正文主要内容，避免有效信息流失。具体可以采用关键信息前置的方法，即将核心价值体现在标题前半部分。例如："这种油容易致癌，但很多家庭还在用！"，这个标题明显提示了这是一篇关于食用油的科普性文案，并通过将关键信息"油""致癌"进行了前置，来吸引对饮食健康比较关注的人群。看到这个标题受众很容易判断文案对自己是否具有实际价值，进而决定是否要点击了解。此外，公众号文案标题通常使用特殊格式，其中用"｜"和"【】"隔开是常见的方式。"｜"和"【】"相当于标签的作用，"｜"之前的和"【】"里面的文字通常为关键字或用来表示文案类型。在有不同类型文章的公众号中，这样区分可以帮助受众迅速了解文章类型或快速查找系同列的其他资讯。

2. 封面图设计

图片比文字更能刺激人的视觉感官。公众号文案的封面通常以图片来对文案标题和内容进行补充和强调，精心设计的封面图片往往能够起到吸引受众注意力的作用。封面图片在使用上要保证与文案主题的相关性，还可以根据推送文案的类型不同，分别设计与之相匹配的图片。公众号文案的封面图一般采用两种方式：一是单图文封面图。这类封面图尺寸一般比较大，多出现在文案标题上方。单图文封面图因为展示效果较好，需要着重设计，其中可以添加文字，如口号、宣传主题等元素，以强化对文案内容的表达作用。二是多图文缩略图。这类封面图一般尺寸较小，多出现在消息栏文案标题的右侧。因受尺寸限制，这类封面图应以简洁、直观的表现形式为主。

3. 拟定摘要

摘要是对文案标题进行补充说明，或是对文案主题进行提炼的一段文字。摘要的作用是让读者可以迅速知晓文案的主旨，吸引点击浏览。摘要通常出现在单图文文案的封面上，而在多图文文案的封面上则不显示。需要注意的是，文案标题和摘要有主次之分，摘要文字要简练，一般不超过 50 个字，避免喧宾夺主影响文案标题的展示。

【案例分析】

微信公众号标题及封面设计分享——三福、猫的天空之城概念书店

如图 2-13 所示，案例中包含单图文及多图文，单图文文案样式，包含了封面主图、标题和摘要 3 个必要信息。多图文文案样式的文案标题中带有"【】"和"｜"符号，对不同类型的资讯进行了标注，如【30 元券】、直播预告｜。

图 2-13　三福、猫的天空之城概念书店

封面缩略图在文案右侧，并进行了图片整体设计，凸显了推送消息的主旨。

（资料来源：猫的天空之城、三福微信服务号）

【案例分析】

微信公众号"中华财险"写作文案

如图 2-14 所示，本文案从经验分享和知识科普的角度出发，以热点事件为切入点，用日常生活的常见情景拉近与受众的距离，通过将有价值的资讯传递给受众来吸引受众点击阅读，并巧妙地将产品和服务融入其中，以案例激发受众的保险需求和购买欲望。

图2-14 微信公众号"中华财险"文案示例

  文案标题从"烈犬咬伤女童"的热点事件出发,用"路遇'狗咬人'我们应该如何应对"将受众代入现场景。吸引那些被事件所触动,并想要了解应对措施的受众。

  文案开头引用权威媒体"央视新闻"对事件的报道,显示事件产生的严重后果,并提出应该如何应对的问题,引发受众重视问题。

  文案正文针对"路遇无人牵拉的狗该如何应对""被狗咬住如何脱困"和"被狗咬伤后如何处理伤口"这三种日常情况,给出了具体而明确的应对指导。措施描述简洁、易懂,并对关键问题进行了重点提醒。通过让受众获取有价值的信息来增加信任和关注。

  文案最后自然而然地引出"被狗咬伤意外险可以赔吗"的问题,并以自家保险产品为例介绍了意外险的保障功能和理赔处理问题,达到了宣传品牌和产品的目的。

  文案附加了小程序链接和客服二维码,使感兴趣的受众可以及时、方便地购买意外险产品。

  (资料来源:节选自微信公众号"中华财险",于2023年10月20日发布)

路遇"狗咬人"我们应该如何应对,这种情况保险能赔吗?

【知识准备】

六、微博平台文案写作

  微博是微型博客的简称,它基于广泛的社交关系而进行信息发布和传播。在国内主流的微博平台是原新浪微博,已于2014年正式更名为微博(下文均以其为例),其具有规模庞大的受众群体，其中有些微博主通过强大的"粉丝"力量可以将信息迅速传播开来，从而引发热点话题和广泛关注。因此，微博也成了各商家和组织发布信息、维护品牌、开展营销的重要阵地。

（一）微博平台新媒体文案的特点

1. 简短精要

微博开始之初一般要求文案控制在 140 字符以内，因此短小精悍是微博文案的首要特征。虽然现在已经将微博文案的字符数放宽至 2 000，但是简短、精练的文案风格仍然是微博平台的主流。这是因为：一方面，微博平台资讯总体信息量巨大，受众在海量信息中筛选的时间成本和精力成本都非常高，为了更好地帮助受众节约浏览成本，获得更好的使用体验，微博文案更适宜用简短、易懂的形式来表现。另一方面，微博消息追求高时效性，更新速度较快。文案篇幅长必然要求较长的创作时间和审核时间，这与微博更新快的特性相违背。因此，为了保证消息的时效性，微博文案也适宜以短小篇幅呈现。

2. 传播速度快

微博传播速度快归因于两点原因。一是发布渠道多。微博可以通过互联网、客户端、手机等多种渠道发布信息，实现随时随地发布。二是传播方式强。微博的信息传播有两种方式：一种是"粉丝路径"，即由博主原始发布，消息可以瞬间达到其所有粉丝；另一种是"转发路径"，微博被转发后，转发者的所有粉丝也将同时收到消息，依此类推形成"病毒式"裂变传播的效果。

3. 趣味性强

微博是一种社交媒体平台，本身具有娱乐生活的功能。微博发布的内容具有很强的包容性，同时具有文字、符号、图片、视频、音乐、表情包等多种表现形式，这些要素是增加微博文案趣味性的基础。此外，微博文案要想在海量的信息中脱颖而出，获得更多的关注和互动，往往需要借助一些方法和技巧，增加趣味性是其中之一。基于以上内在需求和外在因素的双重推动下，微博文案形成了趣味性强的特点。

（二）微博平台新媒体文案的表现形式

1. 热点话题式

借助某一时段社会公众所普遍关注的热点话题是吸引流量的常见方法。热点话题可以从多方面入手，例如热点人物、热点事件等临时性要素，或者是季节、重大节日等固定性要素。热点话题式的微博有两种实现途径：一是借势营销。微博自带话题功能，用户可以在微博中使用"#某某话题#"的格式代表参与某个话题，这样就能够自动将微博与话题连接，增加微博被搜索、关注的可能性，从而实现引流。借助已有话题的微博文案应该找准契合点，不要让受众产生牵强附会的感觉。二是自创话题。除了借助现有的热点话题，发布者还可以自创话题来为自己赢得热度。自创话题时应该选择贴近大众生活、容易引发关注的切入点；在表达上应该简单化、趣味化，易于大众转发和参与。

2. 答疑解难式

为受众解决日常工作、生活中的疑难问题同样是增加文案关注度的有效方法。这种方法不仅可以展示品牌的服务精神，也能在解决问题的过程中彰显较高的技术水平，增加受众对品牌的好感和信任度。创作答疑解难式的微博文案需要注意以下几个原则：第一，答疑解难的问题应该具有普遍性。选择受众在日常情况下经常能够遇到的问题，这样才能引起广泛关注。反之，相对小众的问题对于广大受众而言没有较强的实用价值。第二，解决疑难问题的方式应该行之有效。提供给受众的解决办法尽量选择操作简便的，在语言表达上应该尽量通俗易懂、清晰明了。让受众在实操过程中能够轻易上手，并取得实际效果。这样才能真正达到品牌宣传和形象树立的目的。否则，这种答疑解难的微博文案会产生负面效应，影响品牌口碑。

3. 粉丝互动式

作为社交化新媒体平台，双向互动性是微博的天然属性。粉丝互动式的微博文案可以极大地激发受众交流、表达和参与的欲望，并在这样的有效互动中获得广泛关注度和品牌忠诚度。与粉丝互动的形式有很多，例如转发、点赞、投票和使用"@"功能等。要想更好地激发粉丝互动的欲望，还可以搭配抽奖或其他性质福利的发放。例如：在参与投票的粉丝中随机抽取一定数量的人数赠予最新产品。采用互动的微博文案方式就像是在和受众对话，一方面可以拉近品牌与受众之间的距离，让受众感觉亲切感、参与感和成就感；另一方面也可以构建与受众最直接的沟通桥梁，帮助企业最高效、直接地获取市场反馈，及时调整和优化企业经营。

4. 故事包装式

现代社会物质的极大丰富，造成了人们对各种各样的广告产生了抗体，直白的营销让人麻木。相比之下，故事是最具情感表达力的文字方式。微博文案虽然以简短、精炼为表达特点，但仍可以用故事形式来进行包装。将产品或价值融入故事，很容易产生强烈的情感共鸣，从而达到宣传和推广的目的。故事包装式的微博文案可以从产品和受众群体两个角度出发构思，或讲述一个幽默的故事让人捧腹，或讲述一个温馨的故事让人暖心，或讲述一个励志的故事让人热血……总之，用故事来包装文案一定要体现出真心实意，才能打动人、深入心。

【案例分析】

微博平台写作文案——江小白品牌推广活动

如图2-15所示，采用了关联营销的方式，将自身品牌与"屈臣氏苏打汽水"进行关联合作。这样更容易引起粉丝的广泛关注，从而获得更好的宣传效果。

文案使用"@"符号连接关联品牌方账号；使用"#"符号关联了"万事混得开"话题；使用链接功能连接了粉丝互动的获奖情况，体现了微博文案的基本特征。

江小白品牌推广活动

文案借势龙年将至的喜庆氛围，搭配有"万事混得开"文案及龙年卡通形象的图片，生动体现了活动的主题"祝大家新年万事混得开"。

如图2-16所示，通过小游戏的方式增加与粉丝的互动，以趣味性吸引关注。

文案语言风格具有口语化、幽默性的特点，符合微博文案趣味性特征。

文案采用"秋裤""尊嘟"等网络流行词语以及各种表情图，以生动、活泼的形式营造轻松的沟通氛围，提高粉丝参与活动的乐趣。

文案使用"@"符号提醒提供创意的粉丝关注，吸引粉丝积极参与，保持话题热度。

（资料来源：江小白微博主页）

项目二 新媒体文案写作

图 2-15 江小白品牌推广文案 1

图 2-16 江小白品牌推广文案 2

项目实训　文案写作

【项目描述】

小李在一文创企业工作已经两个月了，主管找到小李，希望他结合即将到来的中秋节，写一篇中秋节与企业文创产品相融合的文案，在弘扬传统文化的同时，给企业带来创收。

【项目要求】

1. 掌握节日及产品的相关契合度；
2. 合理运用所学的写作技巧；
3. 内容在 500～1 000 字。

【项目评价】

评价项目	评价内容及要求	配分	自我评价	小组评价	教师评价	得分
理论知识	新媒体文案标题、结构设计的基本技巧	5				
	不同类型新媒体文案的基本写作技巧	10				
	不同新媒体平台文案的基本写作技巧	10				
实操内容	节日及产品的相关契合度	10				
	文案标题的吸引度	10				
	文案写作内容的设计点	20				
职业素养	调研总结能力	10				
	文案设计思路	15				
	团队合作	10				

项目练习

一、单选题

1. 以下关于文字的视觉传达不正确的是（　　）。
   A. 文字是新媒体视觉内容的重要组成部分
   B. 以文字为中心的文字排版已经成为一门艺术
   C. 文字排版看似简单的文字位置摆放，事实上是一项复杂的技能。一个完善的文字排版方案需要综合考量字体、字号、加粗、阴影、颜色、文字内容、应用场合、文字数量、产品或品牌的风格，以及标题与正文之间的关系、读者与文字之间的距离等
   D. 文字排版虽是一项综合性的艺术技能，但不必太过于重视，因为内容大于形式

2. 下面哪个标题是总结式标题？（　　）

A. 堵车、房价贵，为什么你还愿意留在南京？
B. 男生很少吃这个，但经常得买
C. 圣诞节最适合送给女生的 5 种小零食
D. 在南京！这些开了 n 年的老店你都去过了吗？

二、判断题

1. 新媒体文案与传统文案相比，成本更高。（　　）
2. 新媒体文案只能采用文字、图片的形式，不包含视频方式。（　　）
3. 新媒体文案的标题是影响文案点击率的重要因素。（　　）
4. "#"在微博文案中代表通知某个用户的含义，可以起到提醒阅读的作用。（　　）

三、实践题

在你经常使用的新媒体平台中选择一个文案进行分析，说一说它属于哪个类型的文案，文案写作中运用了哪些写作方法和技巧。

项目三

新媒体视觉设计

【学习目标】

[知识目标]
- 了解使用色彩的功能。
- 掌握不同节日及不同行业领域的色彩搭配设计技巧。
- 掌握视频营销的镜头语言。
- 掌握视频营销的构图形式。

[能力目标]
- 能够独立设计文案中的色彩搭配。
- 根据不同领域及节日进行色彩搭配。
- 能独立撰写视频分镜头创意策划书。

[情感目标]
- 培养学生的新媒体运营的视觉设计思维,增强学生对色彩搭配的认知,让学生掌握基础的拍摄构图及镜头语言,激发学生对新媒体运营设计技巧的兴趣。

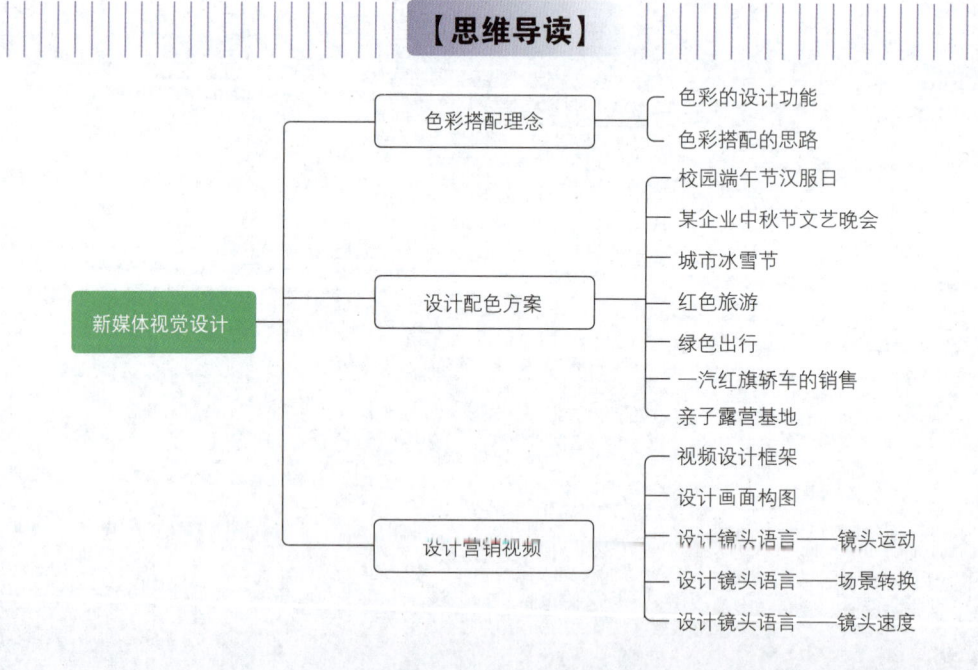

【思维导读】

新媒体视觉设计
- 色彩搭配理念
  - 色彩的设计功能
  - 色彩搭配的思路
- 设计配色方案
  - 校园端午节汉服日
  - 某企业中秋节文艺晚会
  - 城市冰雪节
  - 红色旅游
  - 绿色出行
  - 一汽红旗轿车的销售
  - 亲子露营基地
- 设计营销视频
  - 视频设计框架
  - 设计画面构图
  - 设计镜头语言——镜头运动
  - 设计镜头语言——场景转换
  - 设计镜头语言——镜头速度

【案例导入】

电影《芭比》新媒体色彩营销

《芭比》这部充满梦幻色彩的电影，一经上映就一马当先，创下了不俗的票房成绩。作为美泰公司有史以来最畅销的 IP 品牌，芭比的色彩营销更是值得一提。如图 3-1 所示，它成功将"芭比粉"印进了每个人的认知里，以至于在电影宣传期间，新媒体海报根本不需要一个字，就能让看见的人秒懂这是芭比的广告。

电影《芭比》新媒体色彩营销

图 3-1　电影《芭比》海报（图片来源　微博）

可以说在营销中，视觉元素所扮演的角色比文字更重要，无须翻译就能跨越国界，将定位这根钉子，钉进消费者的心智中，最好的工具就是"视觉锤"，用视觉锤来强化语言钉，这样品牌就很难从消费者心中抹去。

【案例分析】

之所以海报上一字不提，大家也能秒懂这是《芭比》电影的海报，原因就在于凭借着与"芭比粉"这一色彩的完美契合，电影《芭比》成功实现了用芭比粉标记自身。看见芭比粉色的事物，我们就会想起《芭比》，从而让《芭比》更加高频地出现在我们的大脑里，并且一次次地加深了我们对于芭比品牌的记忆。

任务一　色彩搭配理念

【课堂讨论】

（1）说到国庆节、春节、端午节你都会联想到什么色彩？

（2）说到甲壳虫汽车、儿童餐厅、长白山旅游你会联想到什么色彩？

【知识准备】

一、色彩的设计功能

在日常生活中，色彩无处不在。研究表明，个体接收外界信息时，视觉占全部信息的83%，听觉占11%，嗅占3.5%，触觉占1.5%，味觉占1%。通过眼睛来观察事物是人们认知的主要途径，而色彩是人们记忆度最高、识别度最高的重要方式。人们通过色彩的视觉语言与外界沟通，通过色彩的心理效应获得丰富而奇妙的感受，通过色彩的组合变化渲染意向氛围。商业中醒目的标志、多彩的包装无不向我们展示着色彩的魅力。生活因色彩而精彩，色彩已渗入生活的各个方面，向我们展示出无穷的魅力，我们无法想象生活在无色的世界里将会是什么样（如图3-2所示）。

图3-2　生活因色彩而精彩

随着人们对色彩认识的不断发展，色彩的表现范围逐渐从绘画写生的摹写性转为意向的表现性，成为独立的研究领域。色彩的应用范围逐渐延伸到设计的各个领域，相互之间已密不可分。视觉传达设计、文案设计、工业设计、室内设计等设计领域都离不开色彩的搭配组合。色彩成为设计过程中极其重要的设计元素之一。

1. 审美表现功能

人的需求具有物质与精神的多样性，人们通过使用颜色，表达或享受着色彩变化带来的精神满足。设计中，通过运用色彩美的配色规律及形式法则，可以增强设计的表现力与感染力，使人们在使用产品和服务的过程中得到情绪上的愉悦与享受。例如服装的色彩运用是其设计中最醒目的部分，服装的色彩最容易表达设计美感，唤起消费者的审美共鸣。

2. 氛围营造功能

单一色彩本身和色彩的配置关系都具有相应的情感特征。通过色彩协调或配色的差异，可以形成温暖的、寒冷的、华丽的、朴实的、强烈的、明亮的或阴暗的氛围感受。所以在表现各种不同情感效果的设计时，可以通过色彩关系的恰当运用，营造和渲染环境气氛，进而诱发人们产生相应的心理联想和情感共鸣，最终实现情感的传达。成功的色彩搭配可以营造出舒适和谐的氛围，而不恰当的色彩搭配则可能产生压抑感和逃离感。

3. 信息传达功能

色彩是独特的视觉语言，也是一种信息刺激。设计中，利用色彩的直观性、情感倾向性可以促使人们增强对设计对象信息的理解和记忆，因为视觉符号的产生也是由不同色彩组成的。如图 3-3 所示，在美之源果汁广告设计中，彩色画面比无画面的文字描述更能体现商品的真实感。彩色画面在信息传达上更直观、更具说服力。画面亮丽多彩的配色，强化了广告语中"阳光""享受"等关键信息的传达，人们通过产品的色调，就可以理解其产品的类别、性质、使用对象等信息。

图 3-3 美汁源广告（图片来源 百度）

果汁源
果汁健康专家
丰富果粒够乐趣

4. 视觉识别功能

某些色彩如同鲜明的信号，能在最短的时间内吸引受众的注意，迅速完成视觉信息传达，如警示信息往往采用高纯度的红色或黄色。而某些色彩组合可以降低人们的视觉注意力，让人难以辨认。设计中，利用色彩关系对视觉识别的影响，能有效避免信息间不必要的干扰与误会，提高或降低视觉信息的传达效率。例如红绿灯利用红色、黄色、绿色的高识别性，有效避免城市交通各种视觉信息及天气等复杂条件的干扰；门市的招牌利用高纯度色彩吸引受众的视线，达到视觉识别的高效性；迷彩服利用色彩的近似调和关系，降低视觉识别功能，在战场中达到很好的隐蔽效果。

二、色彩搭配的思路

色彩是设计表现的重要手法之一。关于色彩配色的选择和运用,不能单纯根据个人对色彩的感性、喜好及主观来选择,需要理解不同颜色、不同色调组合关系的象征含义,考虑受众的性别、年龄、阶层、兴趣爱好以及设计作品的目的、用途及应用条件等众多综合因素,将色彩创意建立在理解和研究色彩生理理论及心理理论科学基础上。如表3-1所示,在商业系统中,设计只是其架构中的某一环节,而设计过程中的配色设计也是如此,需要多种要素的支持,经历前期的市场调研、目标定位、方案设计、方案修改、讨论定稿等众多环节,最终才能确定配色方案。经此过程可知,配色设计需要考虑许多综合因素,而其中最基础的是色彩生理因素和色彩心理因素。

表3-1 配色设计思路

市场调研		目标定位	
人	受众群体 购买意向 购买能力 用户画像	刺激	引人注意
		心动	流行趋势
		说服力	易于沟通
		满足	功能效果
社会	市场调研 问卷调研 同类产品 应用环境	定调选色	
理论	配色理论 文化背景	配色定图	

任务二　设计配色方案

【案例分析】

校园端午节汉服日

一、端午节的传统意义

端午节是中国传统节日之一,正值农历五月初五,也称为端阳节、午日节等。端午节的另一个由来是为了纪念爱国诗人屈原而设立的。屈原是中国古代著名的爱国诗人和思想家,在他生前为国家留下了许多贡献,但最终由于政治斗争被贬谪和流放,终于在五月初五这一天投江自尽,以抗议腐败和昏庸的政府统治。为了纪念屈原的精神和牺牲,人们逐渐以五月初五这一日为屈原的忌日,并且发展成为传统节日。

在端午节这一天,人们会表达对屈原的怀念和敬意,同时也会举行各种各样的活动,其中最著名的龙舟比赛和食用端午粽。传说屈原投江后,人们马上赶到江边用龙舟打捞遗体,但是屈原已经离世,人们便在龙舟上放置了饭团和粽子,以避免屈原的身体被鱼虾蛆虫噬食。后来,人们陆续在这个日子举行龙舟比赛,将这项活动更加内化进了端午节的文化底蕴。人们还将糯米和馅料包裹在竹叶或棕叶里,用沸水煮熟或蒸熟,做成新鲜的粽子,并馈赠给亲朋好友，祝福他们端午节快乐。

二、端午节的商业价值

传统节日是中华传统文化的重要载体，对增强民族的认同感和凝聚力有不可替代的作用，如何使博大精深的传统文化充分融入当代人的生活观念于生活方式之中，成为时下热门话题，商家也在为之寻找商机。在市场经济时代，任何一种文化只有在转化为具体的商业价值时，它才能够获得持久的生命和活力。所以，我们应该积极寻找商机和端午节文化的契合，挖掘节日潜在的商业价值，保证传统节日的传承和影响力。

端午节的传统节饰物是节日的衍生文化，又是节日文化的寄托和载体，例如：我国民间端午节佩戴香包的习俗极为古老，香包也称香囊、荷包，包内装有芳香气味的中草药，有消毒卫生和提神醒脑的功能，就像随身佩戴一个"空气净化器"，因此民间有"带个香草袋，不怕五虫害"之说。

三、活动设计

作为一种传承和弘扬中华文化的方式，越来越多的年轻人在端午节当天穿起汉服。假设学校会在端午节前夕开展汉服文化日，全校师生在活动当天穿着汉服上课和上班，为了在这春意盎然的时节，更好地利用在端午节穿着汉服的机会，我们应该怎样设计文案的色彩搭配呢？

四、市场调研

人	受众群体	在校大学生、教职工
	购买意向	女生多于男生购买和穿着汉服
	购买能力	性价比高的流行款式汉服
	人物画像	A同学为我校大一女生，活泼开朗、热爱拍照和自拍，学生会干部，有组织能力，热爱传统文化和古典文学
社会	市场调查	结合问卷调研，在校园内开展大学生端午汉服文化节的接受程度
	调查问卷	
	同类产品	荷包、五彩线、粽子、汉服、端午文创产品
	应用环境	校园内开展大学生端午汉服文化节
理论	配色理论	春天、生机盎然
	文化背景	传统节日、纪念屈原、继承和发扬传统文化

五、目标定位

刺激	引人注意	追随汉服文化潮流，寻找自己的古典美
心动	流行趋势	多种款式的汉服
说服力	易于沟通	校园内全体师生穿着汉服
满足	功能效果	弘扬传统文化

六、定调选色

主色：蓝绿色，代表碧波荡漾。

配色：浅绿、墨绿，代表青枝绿叶；红色＋黄色，代表春天朝气蓬勃和充满活力。样例效果如图 3-4 所示。

图 3-4　校园端午节汉服日（图片来源　摄图网）

【案例分析】

某企业中秋节文艺晚会

一、中秋节的传统意义

农历八月十五，是我国传统的中秋节，八月十五恰在秋季的中间，故谓之中秋节。又因为这个节日在秋季农历八月，故又称秋节、八月节，又有祈求团圆的信仰和相关习俗活动，故亦称团圆节。为传承民族文化，增强民族凝聚力，中秋节从 2008 年起被国务院列为国家法定假日。国家非常重视非物质文化遗产的保护，2006 年 5 月，该节日经国务院批准被列入第一批国家级非物质文化遗产名录。

二、中秋节的商业价值

中秋节是中国传统文化中极其重要的一部分，因此它具有独特的商业价值。首先，中秋节是阖家团聚的温馨时刻，人们与家人朋友共度佳节的欢乐时刻。这为商家提供了许多销售机会，例如月饼、大闸蟹等。此外，对于善于创新和营销的企业来说，可以利用中秋传递祝福，同时以商业产品作为礼物的方式，提高品牌知名度和赢得客户的忠诚度。

三、活动设计

某企业中秋节文艺晚会是一个融合传统文化庆祝、员工互动和文艺表演于一体的盛大活动。该活动通常在中秋节当晚或临近中秋节的日期举行，旨在通过文艺晚会的形式，增强员工之间的凝聚力和团队合作精神，同时让员工感受到公司大家庭的温暖。

晚会以中秋节为背景，紧密结合传统文化元素，如赏月、吃月饼等，营造出浓厚的节日氛围。在活动现场，企业会精心布置，挂上红灯笼、彩旗等装饰品，以及设置与中秋节相关的文化展示区，让员工在参与晚会的同时，也能更深入地了解和感受中秋节的传统文化。

四、市场调研

人	受众群体	某企业全体员工
	表演形式	歌唱、舞蹈等
社会	市场调查	结合问卷调研员工对中秋节文艺晚会节目设置的建议
	调查问卷	
	应用环境	增强员工的凝聚力和团队合作精神
理论	配色理论	温馨、团聚、深秋、圆月
	文化背景	传统节日、继承和发扬传统文化

五、目标定位

刺激	引人注意	团圆、圆月、
心动	流行趋势	美食、传统文化
说服力	易于沟通	中秋佳节、阖家团圆
满足	功能效果	弘扬传统文化

六、定调选色

主色：红色，佳节、喜悦感。

配色：黄色，圆月；橘红，愉快、欢喜、秋天。

样例效果如图3-5所示。

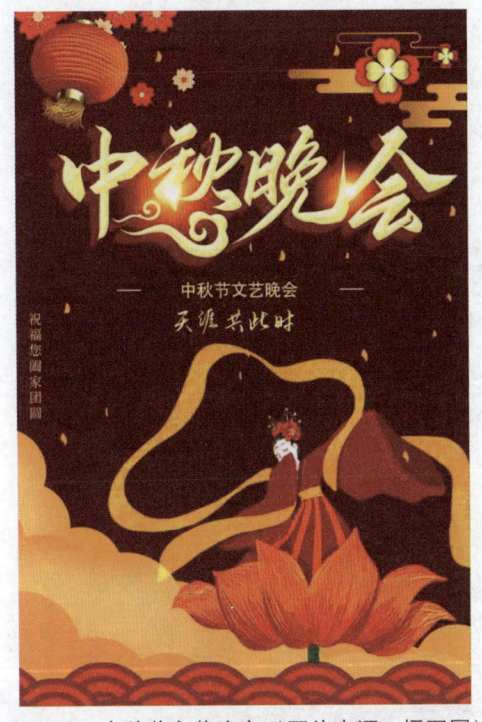

图3-5　中秋节文艺晚会（图片来源　摄图网）

【案例分析】

城市冰雪节

一、冰雪节的商业价值

小雪节气开始，东北的冰雪旅游进入了旺季，丰富的雪景资源吸引了大量游客，游客欣赏雪景、体验滑雪、参加冰上活动等。许多地区纷纷开展冰雪旅游节，如冰雪灯会、冰雪音乐会等，吸引了大批游客，推动了当地旅游业的繁荣。同时周边产品如滑雪板、雪地摩托、雪地自行车等雪季运动用品的需求量大增。冰雪运动的兴起促进了雪季用品市场的繁荣，各大商家纷纷推出新品，竞相争夺市场。冰雪运动俱乐部也成为受欢迎的聚集地。滑雪俱乐部、冰球俱乐部等组织吸引了众多冰雪运动爱好者。这些俱乐部不仅提供设备租赁和培训服务，还组织各类冰雪运动比赛和活动，丰富了人们的冰雪体验。同时，俱乐部会员的增加也推动了冰雪装备与服务的销售。

二、市场调研

人	受众群体	大学生
	购买意向	购买雪具
	购买能力	基础冰雪运动雪具，追求高性价比
	用户画像	男大学生热爱运动、有活力、擅长多项体育运动，校学生会体育部成员，喜欢刺激的运动项目
社会	市场调查	结合问卷调研，开展大学生冰雪研学，了解学生对冰雪运动的喜爱程度
	调查问卷	
	同类产品	滑雪用具、滑冰用具等
	应用环境	滑雪场
理论	配色理论	白雪、蓝天、运动、激情、活力
	文化背景	响应全民开展冰雪运动的号召

三、目标定位

刺激	引人注意	享受冰雪运动的独特魅力
心动	流行趋势	增强自身冰雪运动技能
说服力	易于沟通	全民发展冰雪运动
满足	功能效果	丰富大学生体育课教学活动

四、定调选色

主色：白色，冰雪、纯洁、畅快感。
配色：蓝色，蓝天、纯净、寒冷感；红色，激情、热情。
样例效果如图3-6所示。

项目三 新媒体视觉设计

图3-6 冰雪节（图片来源 摄图网）

【案例分析】

红色旅游

一、商业价值

近年来，文化和旅游部一直鼓励全国各地大力发展红色旅游新业态，推出红色旅游与生态旅游、民俗旅游、研学旅游等深度融合的高质量产品和线路，以"红色旅游＋"推动多元业态融合发展。大多数人理解中的旅游，是一种让人释放压力的活动方式。而红色旅游比较严肃、庄严，是组织接待旅游者开展缅怀学习、参观游览中国共产党领导人民革命历史的主题性旅游活动。

进入数字化时代后，红色旅游加快了数字化升级，利用现代化高技术手段在呈现方式上进行颠覆性创新，借助虚拟现实（VR）、增强现实（AR）、3D等技术推出沉浸式体验。这样的展览展示方式逐步受到了年轻游客的青睐，借助数字化、智慧化技术手段打造教、玩、学、吃、住、购、娱等一体化的寓教于乐的红色旅游基地。让严肃、庄重的历史，在轻松的氛围中被铭记，被传播；在引导人民群众知史爱党、知史爱国，不断坚定中国特色社会主义共同理想的同时，让游客自愿留下来。

二、市场调研

人	受众群体	社会大众：学生、企业职工、党员、爱国人士
	人物画像	女大学生芳芳是旅游管理专业的学生，并且是学生会宣传部成员，还是戏剧社团成员，爱好表演和看电影，善于写影评
社会	市场调查	结合问卷调研，了解学生对红色文旅活动及长影制片厂的了解程度
	调查问卷	
	同类地点	吉林省博物馆、伪满皇宫博物馆
	应用环境	红色旅游纪念
理论	配色理论	肃穆、庄严、电影、红色文旅
	文化背景	长影制片厂的辉煌成就

三、目标定位

刺激	引人注意	怀旧电影票作为参观纪念
心动	流行趋势	怀旧风
说服力	易于沟通	共和国历史上的长春印记——长影
满足	功能效果	了解城市的历史文化

四、定调选色

主色：白色，突出主题。

配色：蓝色，胶片的颜色；红色，红色文化；黄色，长影的历史和未来；黑色，摄影机。

样例效果如图3-7所示。

图3-7 长影旧址博物馆门票（图片来源 百度）

> 【案例分析】

绿色出行

一、商业价值

近年来，公益行业的发展势头强劲，多元化的公益性活动层出不穷，如环保、健康、扶贫、教育等，为社会发展提供了强有力支持。尤其是得到政府的重视和推动，以及社会的广泛参与，为公益行业的发展打下了坚实的基础。然而，面对未来的发展，公益行业仍需解决一些挑战。首先，公益行业需要提高自身的创新能力，以适应社会需求的变化。展望未来，公益行业的前景是光明的。随着科技的进步和社会的发展，公益行业将有更多的可能性。例如，人工智能可以帮助提高公益活动的效率。同时，随着社会的消费升级，人们将越来越重视精神消费和公益消费的结合。所以，公益行业的发展前景非常广阔，只有积极应对挑战，才能在新时代中发挥更大的作用。

二、市场调研

人	受众群体	社会全体
	人物画像	小李是一名职业经理人，热爱马拉松运动和户外运动，虽然拥有私家车，但平时上班只把车开到地铁站，再换乘地铁到公司上班，他认为保护环境才能在更好的户外环境中运动
社会	市场调查	结合问卷调研，了解人们对绿色出行的响应程度
	调查问卷	
	同类产品	环保行动、光盘行动
	应用环境	文明城市中的环保先行者
理论	配色理论	环保、文明
	文化背景	向全社会公民倡导绿色出行方式

三、目标定位

刺激	引人注意	美好的环境、人与自然的亲密结合
心动	流行趋势	低碳环保
说服力	易于沟通	低碳生活，从身边的每个小事做起
满足	功能效果	绿色环保理念融入每个人的思想观念

四、定调选色

主色：绿色，低碳、环保。

配色：红色、黄色，朝气、清新。

样例效果如图 3-8 所示。

图3-8 公益海报（图片来源 摄图网）

【案例分析】

一汽红旗轿车的销售

一、商业价值

汽车消费是消费者支出的重要组成部分，同时能很好地反映出消费者对经济前景的信心。通常，汽车销售情况是了解一个国家经济循环强弱状况的第一手资料。因此，汽车销售为随后公布的零售额和个人消费支出提供了很好的预示作用，据调查显示，汽车销售额占总零售额的25%和整个消费总额的8%。另外，汽车销售还可以作为预示经济衰退和复苏的早期信号。

现在汽车行业的销售，已经从早期4S店销售，走向了新媒体网络销售，比如现在各大新能源车的网络预订、网络看车、3D看车、网络预约，所以新媒体营销在汽车销售行业的运用也极为重要。

二、市场调研

人	受众群体	上班族、商务人士
	购买意向	支持国产品牌
	购买能力	10万~50万元
	用户画像	高先生是某企业的董事长，经营企业20余年，出于对国产品牌的信任，购买并驾驶这辆红旗轿车出席各类商务场合，为国产品牌发声
社会	市场调查	结合问卷调研，了解民众对国产汽车的接受程度
	调查问卷	
	同类产品	红旗新能源汽车
	应用环境	汽车4S店的宣传
理论	配色理论	庄重、商务
	文化背景	国产汽车品牌

三、目标定位

刺激	引人注意	销量遥遥领先
心动	流行趋势	新能源汽车
说服力	易于沟通	惊人的销售数据
满足	功能效果	提升国产车的品牌认知度：红旗车、中国车

四、定调选色

主色：蓝色，蓝天、地球、环保。

配色：红色，国旗、热销。

样例效果如图3-9所示。

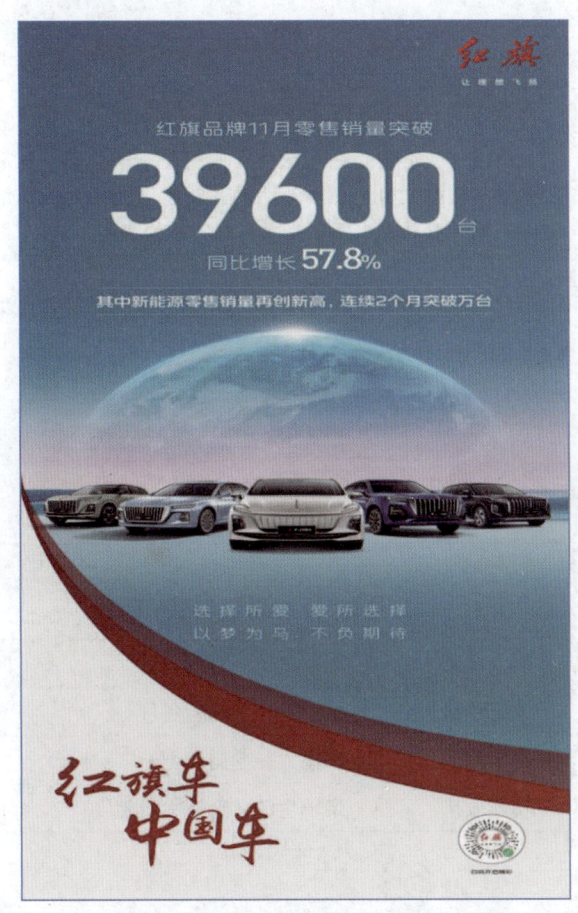

图3-9 红旗汽车广告（图片来源 百度）

【案例分析】

亲子露营基地

一、商业价值

近两年，随着亲子经济的发展潮流，亲子露营逐渐取代了亲子餐厅，成为餐饮文化新的趋势。每到节假日，都会掀起一股露营风，热度一年高过一年。根据小红书数据统计，露营相关的笔记数量，2021 年相较于 2022 年增长了 587%，而到了 2023 年 3 月，露营相关笔记数量同比 2022 年增长超过 500%。

在露营的群体中，除了喜欢尝试新鲜事物、容易被"种草"的年轻人，"80 后"父母与孩子的亲子游成为露营圈的主力。而亲子露营的火热，也映射出另一种现象，那就是亲子游需求正在发生着改变，周末周边休闲度假成为居民家庭亲子出游的主要形式。另外，可以看出人们对旅游思想的转变，或者说家长对于带娃出行观念的改变，从带娃出门旅行，到通过旅行让孩子认知世界，许多父母也把露营当作一次"减压按摩"。亲子露营热度的持续上涨，也从侧面体现影响了餐饮文化，露营经济的发展，体现了餐饮消费新趋势，在亲子互动中，父母对亲子关系有了更高的需求。所以，未来亲子露营会成为餐饮行业领域中的新主流。

二、市场调研

人	受众群体	家庭
	购买意向	露营美食、集市、帐篷、天幕等露营装备
	人物画像	三口之家，爸爸是一名医生，妈妈是一名教师，家有 4 岁的女儿。父母希望孩子多接触大自然和户外活动，使孩子在阳光的沐浴下成长，有利于身心健康，同时家长也可以享受大自然，放松身心
社会	市场调查	结合问卷调研，了解"80 后"父母对亲子露营的喜爱程度
	调查问卷	
	同类产品	火锅、自助烧烤、咖啡、美食、
	应用环境	城市郊外、户外
理论	配色理论	夏天、温馨
	文化背景	亲子关系

三、目标定位

刺激	引人注意	三口之家、温馨场景
心动	流行趋势	亲子关系、露营餐厅
说服力	易于沟通	和家人一起露营吧
满足	功能效果	亲子生活、亲近大自然

四、定调选色

主色：绿色，青山绿水、户外生活。

配色：橙色，温暖。

样例效果如图 3-10 所示。

项目三 新媒体视觉设计

图 3-10 亲子露营（图片来源 摄图网）

任务三 设计营销视频

【案例导入】

阿玛尼唇膏广告《红墙下的南风》

《红墙下的南风》是阿玛尼唇膏的一则创意广告，一经网络平台播出，即在影视界引起了广泛的关注和热议。这则唇膏广告以其独特的拍摄手法呈现了惊艳而又温情的视觉效果，并传承老一辈工匠精神与家国情怀，激发故事剧情，成功地将中国红元素与品牌文化和产品特色融为一体，打动了观众的内心，带来了无限的创意惊喜。同时，该广告在市场上也取得了非常可观的口碑和销售业绩，为阿玛尼唇膏品牌带来了巨大的商业价值，如图 3-11、图 3-12 所示。

图 3-11 平台互动率（图片来源 哔哩哔哩）

63

图 3-12　网友热评（图片来源　哔哩哔哩）

【案例分析】

一、视频设计框架

1. 确定设计意图

阿玛尼唇膏广告《红墙下的南风》，不再单纯地只表现产品，而是打破传统，引用情节代入，将产品独特的质感和色彩效果，在故事中合理而自然地展示出来。同时，取意南朝乐府民歌《西洲曲》中的"南风知我意，吹梦到西洲"为题，传承中国传统文化，且南风在中国文化中一直被视为带来温暖、柔和的象征，与阿玛尼唇膏的精致质感相得益彰，赋予了产品一定的文化内涵，彰显品牌深度与力量。

《红墙下的南风》

2. 设计画面构图

巧妙地运用俯拍、仰拍、平拍等多角度的拍摄手法，突出镜头画面的非常规视角，充满独特性与新颖性。选用特定镜头，通过近景、特写的镜头画面，突出人物使用唇膏时的特色和细节，使唇膏的颜色、质地，人物的神态、心境更加真实、饱满地流露出来。在全景和中景镜头的拍摄中，则采用了长焦镜头，突出人物形态与环境相衬，呈现出红墙下的极简主义风格，浪漫而高雅，简约而纯粹。

构图方法以 X 形的中心对称式设计为主，强调画面的均衡与端庄，辅以一定的三分法构图和三角形构图，在光影镜头的表达上，与对角线构图有机融合，带来了舒缓明媚的视觉感受。加之富有文学魅力的语言风格，以及部分画龙点睛的故事内容跳转，欲言又止且富有想象空间的语言交谈，成就了这部优秀的广告短视频（如表 3-2 所示）。

表 3-2　阿玛尼唇膏广告《红墙下的南风》摄影构图

画面内容			
	 特写、正面	 全景、侧面、三分法	 中景、正面、三角形构图法
	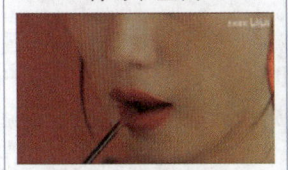 特写镜头、前侧	 全景、侧面、三分法	 特写、正面、对角线构图法
	 全景镜头、背面	 全景、背面、X 构图法	 全景、背面、光影形成对角线
	 中景镜头、背面	 特写、前侧、X 构图法	 中景、正面、X 形、光影对角线、梯子光影三角形综合构图

3. 设计色彩光影

以暖色调的红橙黄色与光影效果的相辅相成，对比配搭，将唇膏与背景颜色相互映衬，营造出一种独特的视觉冲击力，呈现出梦幻般的视觉效果，这些艺术元素的加入，不仅增强了产品的氛围感和故事性，也升华了唇膏的艺术气息，提升了产品的品位和价值感。

4. 设计镜头语言

摄影师巧妙地运用运动镜头，如慢推、慢拉镜头以及固定镜头，将唇膏的细节呈现出来，使观众可以更加清晰地看到唇膏的纹理和颜色。同时，将唇膏与人物、环境、故事、情感自然嵌入，实现视觉引导，增强了观众的共鸣感，使其更容易被吸引。

5. 设计环境场景

本片选择了传统文化元素丰富的背景——红墙。红墙是中国传统建筑中的独特符号，它代表了中国文化的深厚底蕴和典雅之美。通过以红墙为场景背景，与传统文化相结合，传递出产品的高贵质感和价值。

【课堂讨论】

（1）你通常会通过哪些平台观看短视频？

（2）你认为一条营销视频的时长应该在多长时间较为合适？

【知识准备】

二、设计画面构图

（一）视频构图三要素

1. 拍摄距离

拍摄距离是指摄影机与被拍摄主体之间的相对距离，也被称为景别，是镜头画面中最基本的表达形式。景别所强调的是画框内呈现人物或事物的大小、远近和范围，可以展现整体全貌，也可以突出局部细节。景别的选择对于镜头的感觉和故事的叙述有着深远的影响。一般而言，景别是以人作为划分依据的，分为远景、全景、中景、近景以及特写五种类别。

远景，表现远处的景观、景貌、展现环境以及人物环境的关系，强调意境意味和气势氛围。

全景，人物的全身形象，或一个场景的全貌，比远景看得更清晰一些，强调人物的肢体动作、运动姿态，构图标准为从头到脚的完整性，起交代人与人之间，或人与环境之间的关系。

中景，人物膝盖以上，取大半身形象，既能够看清人物动作也能够交代人物神情，属于叙事性景别，通常在片中所占比例较大，可以很好地表现人物之间的交流感。

近景，人物胸部以上，占据画面构图的一半以上，环境居次要地位，重点通过人物的眼神展现内心的情绪和心理活动，因此是展现内心的一种景别，通常与背景实现前实后虚的艺术效果。

特写，人物肩部以上，取整个头部进行构图，或表现人身体的某一局部，如一张嘴、一双眼睛、一只手等，起强调作用，具有较强的视觉冲击力（如图3-13所示）。

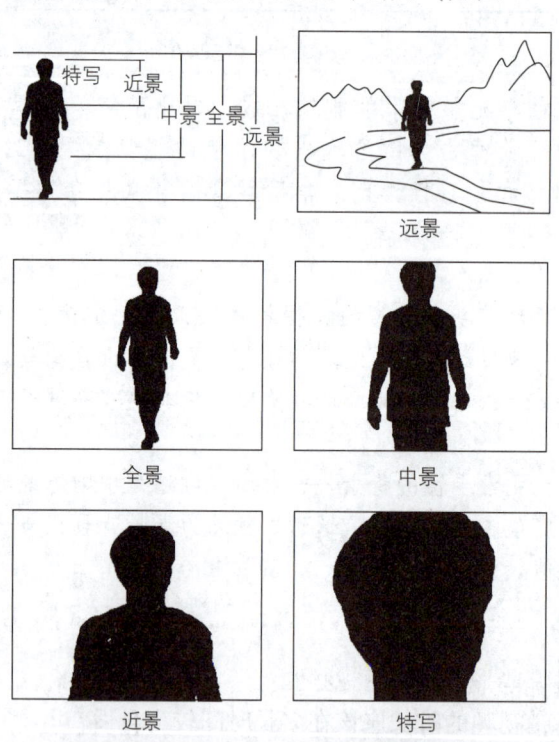

图3-13 景别（图片来源 百度图片）

2. 拍摄方向

在摄影构图中，拍摄方向主要根据摄影机与被摄主体的水平360°方位来定义，如图3-14所示。

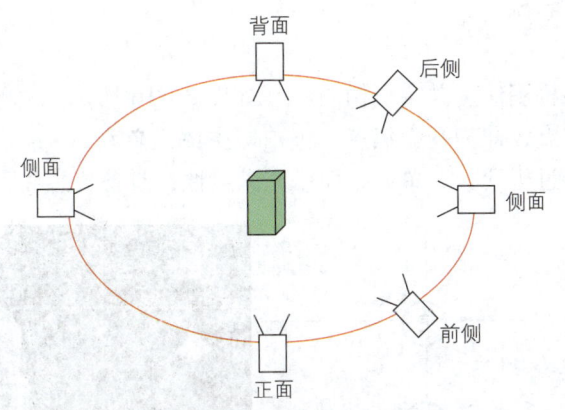

图3-14 拍摄方向（图片来源 百度图片）

正面方向：摄影机拍摄被摄主体的正面形象，直接面对被摄主体，能够完整地展现其正面的特征，优势在于庄重、均衡、对称，但也容易略显呆板，不够灵动。

侧面方向：摄影机位于被摄主体的侧面，与其呈现左右对称的90°垂直关系。能够展示被摄主体的轮廓和侧面特征，突出主体的线条、形状、姿态以及动作的方向性。

前侧方向：摄影机位于被摄主体的前侧方，能够同时展示被摄主体的部分正面和部分侧面特征，具有一定的立体感和动态感，比较生动、多面，也被誉为最好的拍摄方向，同时易于形成对角线构图。

后侧方向：摄影机于被摄主体的斜后方，既展示被摄主体一部分的背面特征，同时又呈现其一部分的侧面特征，创造一种神秘感和特殊的视角。当拍摄双人交流对话镜头时，可利用后侧拍摄方向，形成二者的过肩镜头，有利于强调主次关系。后侧与前侧统称为斜侧。

背面方向：摄影机直接拍摄被摄主体的背面形象。由于画面无法展现人物的面部表情和神态，因此人物的肢体语言尤为重要，通过人物的轮廓造型、动作姿态，可以传情达意，引发隐秘感、神秘感或者引起观众的好奇心，延展联想空间。

3. 拍摄高度

拍摄高度主要根据摄影机与被摄主体垂直180°的方位来定义，如图3-15所示。

平拍：摄影机与人物肩部高度一致，模拟人眼的水平位置，产生一种平视的视角，客观、稳定、平静、公正，适用于大部分日常场景的拍摄，也能够表现出一种不带有主观情绪的纪实记录感。

图3-15 拍摄高度（图片来源 百度图片）

仰拍：摄影机以较低的视角，从下往上拍摄，模拟人眼仰头向上观看的感受。仰拍能够使被摄主体显得较高大、壮观、神圣或威严，常用于拍摄建筑、树木、天空、超高人物、英雄、警察等主体形象。

俯拍：摄影机以较高的角度从上往下拍摄，产生居高临下的视觉感受，使被摄主体显得渺小、弱小或脆弱，常用于拍摄小孩、小动物等，常常与远景相结合，航拍山川、河流、原野、楼宇、千军万马，以强调宏伟壮观的磅礴气势，具有较强的视觉冲击力。

（二）视频经典构图法

1. 三分法

三分法也称九宫格构图法、井字形构图法（如图 3-16 所示），是指将镜头画面横竖三等分，呈现出的 4 个交点，即为视觉焦点。将拍摄主体设置在这 4 个交点或交点的沿线上，能够使画面看起来不会过于死板、单调，而是充满灵性，具备美感和吸引力。

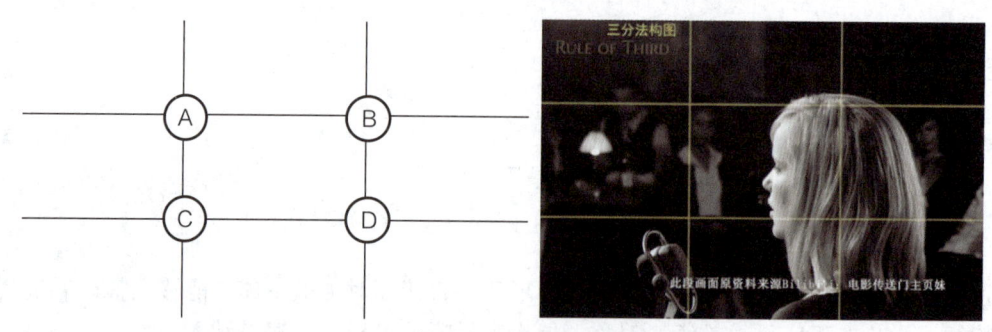

图 3-16 三分法构图（图片来源 哔哩哔哩网站）

2. X 形构图法

X 形构图法，属于中心对称式的构图方法（如图 3-17 所示），是将镜头画面中两条对角线交叉，在画面中心产生交点，成为视觉中心。这是一种将主体置于画面中央交点或交点沿线上的构图方式。强调均衡、公正、对称、庄重、规则的视觉效果，在突出主体的同时，也能够带来直接而强烈的视觉冲击力。

图 3-17 X 形构图（图片来源 哔哩哔哩网站）

3. 对角线构图法

对角线构图也称斜线构图（如图 3-18 所示），将主体放置在画面的对角线方向的沿线上，只要存在对角线的斜线运动趋势，就可以视为是对角线构图，这种构图有显性和隐性两种状态，显性的对角线构图能够看出明显的引导线，或线条透视，就像一条斜线一样，形式清晰直观，如桥梁、公路、栅栏、水平面、一束光、一支笔等。而隐性的对角线构图通常表现为像把一个个散落的点斜线摆放排列一样，形成对角线趋势即可，例如斜着摆放的一排排的书、一排排的书桌、一排排的棋子，它们没有明显的斜线线条形状，但将它们按照摆放方向连成一条线的时候，就会呈现斜线对角线的状态。对角线构图能够带来一种运动感和张力感，活泼、生动，赋予画面生命力，视觉效果独特而新颖。

图3-18 对角线构图（图片来源 哔哩哔哩网站）

4. 三角形构图法

三角形构图法（如图3-19所示），通常针对复合主体或事物本身的三角形态。复合主体是指画面中呈现出两个或两个以上的主体。利用三角形的几何形状来创造平衡、稳定、有高低错落立体感的画面。在应用三角形构图法时，寻找画面中的线条、形状、物体或者人物之间的关系，在构图中创造出三角形的元素或整体。例如通过调整拍摄位置、角度、被摄主体的布局摆放等方式来实现。这样可以避免画面过于杂乱或单调。通过在画面中使用多个三角形，有利于创造出层次感和深度感。任何大小、位置和角度不同的三角形都可以使画面更具立体感和趣味性，增强观看体验，给观众带来视觉上的享受和满足。

图3-19 三角形构图法（图片来源 哔哩哔哩网站）

三、设计镜头语言——镜头运动

1. 固定镜头

镜头的运动分为固定镜头和运动镜头两种形态。固定镜头（如图3-20所示），通常被喻为"镜头之母"，它是镜头运动的一种特殊形式，即摄影机静止不动，不发生任何机位的位移运动，如借助运动装置，如升降机、移动轨道、斯坦尼康、航拍仪等，也不发生通过镜头本身的"原地运动"，如变化远近焦距实现的推、拉，或镜头的摇、甩等形式。固定镜头在拍摄时，始终保持固定的位置不动，录制稳定的镜头画面。固定镜头并不是完全像照片一样，绝对静止，镜头在拍摄过程中，只发生时间的变化流逝，不发生摄影机的任何动作。而演员的动作表演、被摄主体的位移变化，会赋予镜头一定的动感，形成动态构图。由于固定镜头的稳定性较强，能够使观众更关注画面中的产品、主体的表演、动作、细节及场景等，避免了因摄影机运动带来的注意力分散感，可以全身心地投入情绪、故事或台词中去。但一个固定镜头的时间不宜过长，会让人产生单调、冗赘、乏味的身心感受。

图3-20 阿玛尼唇膏广告《红墙下的南风》固定镜头（图片来源 哔哩哔哩网站）

2. 推摄镜头

推摄镜头（如图3-21所示），也称"推镜头"或简称"推"。由于固定镜头是摄影机静止拍摄，会限制画面空间的延展，包括在横向、纵向、以及纵深这三个画面空间，因此，需要让摄影机运动起来，以打破空间界限。推摄镜头是指镜头逐渐向前推进，形成由远及近的视点效果。当镜头逐渐靠近被摄主体或场景时，画面更具密集性和紧凑感，提升观众的视觉关注度。根据画面的产品、内容和情节，镜头的速度，可以慢推、快推、中速推摄。推摄镜头往往可以起到推动情感高潮，揭示产品细节，抽丝剥茧，或突出强调的作用。推摄镜头使景别越来越小，环境越来越少。

3. 拉摄镜头

拉摄镜头（如图3-22所示），也称"拉镜头"或简称"拉"。与推镜头相反，是镜头向后拉远，远离被摄主体或场景的运动形式，形成由近及远的视点效果。这种镜头能够创造

图3-21 阿玛尼唇膏广告《红墙下的南风》慢推镜头（图片来源 哔哩哔哩网站）

出宽阔的视觉画面，营造出冷静或思考的氛围，让人产生沉寂、安宁、豁然开朗或揭露真相的心理感受。拉摄镜头常用于展示环境、切换场景或表达角色的内心世界。拉摄镜头使景别越来越大，环境越来越多。

图3-22 阿玛尼唇膏广告《红墙下的南风》慢拉镜头（图片来源 哔哩哔哩网站）

4. 摇摄镜头

摇摄镜头，也称"摇镜头"，或简称"摇"。摇摄包含横摇和纵摇，横摇，如图3-23所示，是指水平转动镜头，向左或向右摇摄，横向捕捉主体或场景，视点很像人转动头部左右环顾一般。180°以内的摇摄属于"半摇"，360°的摇摄属于"环摇"，也称为旋转镜头。横摇的作用是可以更好地交代人物与环境的关系，能够改变水平视角的构图。纵摇属于机头垂直向上或向下转动，视点像人抬头向上或低头向下观看一样，是镜头的俯仰运动，可以改变垂直视角构图，起到表达高大关系的作用。

图3-23 《可口可乐》创意广告从右向左横摇镜头（图片来源　哔哩哔哩网站）

5. 移摄镜头

移摄镜头（如图3-24所示），也称"移镜头"，或简称"移"，是通过摄影机发生运动位移而拍摄的镜头。将摄影机放置在移动轨道上，或汽车、火车、船只、飞机等运输装置上面，进行移动拍摄，包括航拍镜头。也可以利用斯坦尼康，随着摄影师的移动进行拍摄。移摄镜头的取景空间范围较大，通过改变摄影机的角度，创造出不同的视角。随着移动装置速度的快慢变化，呈现出不同视觉冲击效果的画面。当快速地移动镜头进行拍摄的时候，能够给观众带来视觉上的震撼和刺激，增强画面的视觉冲击力。移摄镜头在影视剧、纪录片、广告、短视频等不同类型的摄影中，被广泛地应用。例如文旅类短视频，通过航拍的移动镜头，创造出广阔、宏伟的城市风光与文化魅力，俯拍、动感的移镜头，画面冲击力强、心灵震撼强。

图3-24　文旅类短视频《脉动长春》移摄镜头（图片来源　哔哩哔哩网站）

6. 跟摄镜头

跟摄镜头（如图3-25所示），也称"移镜头"，或简称"跟"，是指摄影机跟随着被拍摄主体或运动物体的运动而移动拍摄，速度基本和被摄主体保持一致，始终保证被摄主体在画面中的构图不变、景别不变，并保持住焦点，强调突出主体的作用，避免出现跟丢或主体失焦的情况。这种镜头可以让观众感受到主体的动态和运动轨迹，观众参与感较强，有一种身临其境的感觉，仿佛自己也参与其中。跟摄镜头常用于拍摄追逐场景或运动过程，展现角色的移动空间以及运动速度。通过镜头对主体的跟踪拍摄，捕捉被摄主体运动过程中的细节和变化，增加画面的紧张感和动感。如汽车的视频广告，通过跟摄镜头的拍摄，创造出汽车在行驶过程中独特的视觉效果，增强画面的动感和吸引力，展现汽车的驾驶性能和外观风采。

图 3-25 汽车类短视频跟摄镜头（图片来源 哔哩哔哩网站）

【案例分析】

日本航空 JAL 信用广告

日本航空 JAL 的信用卡创意广告，时长 1 分 40 秒，全片没有台词，只有背景音乐。观众在观看过程中，始终以为是一对情侣的夏日假期旅行，以运动中的舞蹈传达情绪，直到观众看到结尾最后一刻，才明白是信用卡的广告。全片采用极具创意的倒放手法结合一镜到底的综合运动镜头，由演员倒着行走，完成舞蹈和各类互动，引出悬念感和趣味性。通过拍摄花絮，能够看到现场拍摄时的把控要求非常高，摄影机在推、拉、摇、移、跟的综合运动镜头展现上自然而流畅，保证演员的景别和构图精准到位，与工作人员在服装、道具等方面配合默契，以避免穿帮，最后呈现正放的广告，让观众茅塞顿开、耳目一新（如表 3-3 所示）。

《日本航空 JAL 信用卡广告》

表 3-3 日本航空 JAL 信用卡广告综合运动镜头

时长	1 分 40 秒
镜头数	1 个长镜头，一镜到底
景别	全景 / 中景 / 近景 / 特写
推	

续表

拉		
摇		
移		
跟		

【知识准备】

四、设计镜头语言——场景转换

场景转换，也称"转场"，是指镜头与镜头之间、场景与场景之间过渡转换的技巧。从一个镜头过渡到另一个镜头，或者从一场戏过渡到另一场戏，转场技巧能够使镜头之间衔接得更为自然、巧妙。转场分为技巧转场和无技巧转场两种形式。转场的作用主要体现在交代时空的变化、压缩时空、控制节奏及情绪。

1. 技巧转场

所谓技巧转场，是指利用电脑或剪辑软件本身自带的视频特效，进行自然过渡的转场方式，样式众多，形式感较为明显。在营销视频的设计制作中，多采用淡入淡出、叠化、闪白、定格、分画屏这几种技巧转场形式。

（1）淡入淡出。

淡入淡出，也称为黑场过渡，如图3-26所示，属于渐变式的转场技巧，通过逐渐增加或减少画面的亮度来实现镜头之间的过渡。淡入将一个镜头从黑暗中逐渐显现出来，是一个从无到有的过程；而淡出则是一个镜头从有到无，镜头由亮变暗并消失的过程。很多广告类视频，会利用淡入淡出的黑场效果，控制节奏，增强悬念。

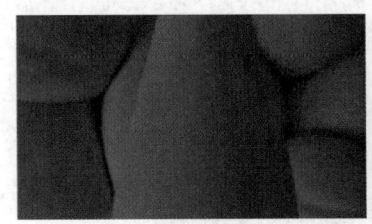

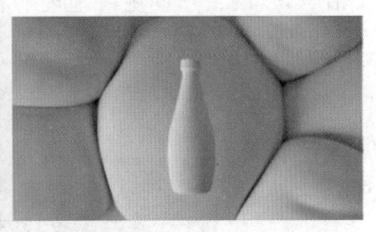

图3-26 国外苏打水创意广告，淡入效果（图片来源 哔哩哔哩网站）

（2）叠化。

叠化，如图3-27所示，是指将两个镜头的影像通过半透明的形式叠加在一起，完成过渡效果。叠化的转场效果比较温和、平顺，自然、明了。两个镜头之间的透明渐变过程，能够将一个镜头缓缓融入另一个镜头中，减小镜头转换时的突兀感，视觉效果独特，观众易于接受和理解。叠化能用来表达某种意义或情感，传达场景之间的关联、对比或隐喻。例如在一些影视或广告视频多样产品并列或对比的表达上，采用叠化形成关联性的镜头效果，增强视觉丰富性。叠化也可以表达时间的流逝、回忆、幻觉、梦境等，增加画面的感染力，在一些带有剧情或情感转变、故事发展的营销视频中，增强故事表现力，提升观众的立体观感度。

图3-27 电影《婚姻故事》中的叠化效果
（图片来源 哔哩哔哩网站）

（3）闪白。

闪白，也称为白场过渡，是在两个镜头之间通过闪烁白色光亮来完成过渡效果。快速的闪白能够突出节奏感，强调气氛，时空变换，例如表达某些闪回、回忆、想象、迷幻、超现实或回到过去、进入未来等。较慢速度的闪白，能够舒缓、平滑地完成镜头过渡和场景转换，表达时间的流逝。很多营销类短视频，善于运用快速而明亮的闪白，带动节奏情绪，为视频增加戏剧性的冲击力，提升画面内容的紧凑度和氛围感。也有一些广告视频，利用闪白效果突出表现产品的关键时刻或重要节点，吸引观众注意力，强化品牌印象。

（4）定格。

定格，也称"呆照"，是指影像画面由动到静的一个过程，或者镜头由定格的静止状态到运动的过程。这种技巧强调画面固定在一个镜头上，静止、稳定，有一定的视觉冲击力，使观众感受到画面动静自然转化的魅力，更加专注于画面中的细节、构图和情感。很多广告视频，常常将定格与闪白结合应用，模拟出一种闪光灯拍摄照片的视觉效果。

（5）分画屏。

分画屏是指将画面分割成多个部分并同时显示的特效技术（如图3-28所示）。在营销视频中，一般应用双画屏。屏幕分出的各个部分，可以展示不同场景、不同角色、不同时间、不同事件等。各个部分同时呈现在一个画面中，强调对比、并列、联想、或多条线索，营造出多重视觉效果和叙事层次，增加了信息量。观众会同时观看到多个细节和情节发展，从而更好地理解和感受故事。营销类视频，可以利用这种技巧形式，对比产品的款式多样、产品的体验度差异，也可以表现广告情节时空的并列变化、性能的排列方式等，节奏硬朗、跳跃、鲜明，创意性和艺术性独特。

《联想智选广告》

图3-28 苹果创意广告，分画屏效果（图片来源 哔哩哔哩网站）

2. 无技巧转场

无技巧转场，区别于技巧转场的特点在于，没有利用任何电脑剪辑软件自带的特殊效果，如淡入淡出、叠化、闪白、溶解、擦除等，而是直接硬切镜头或直接剪辑。这种转场方式强调的是直接从一个镜头切换到另一个镜头，更自然、更直接、更简单。常常使镜头在不知不觉中就发生了场景的转换，观众感受不到任何明显的形式，在润物细无声的状态下，沉浸于内容和画面镜头，过渡到另一场戏或另一个镜头中。在营销视频的制作中，无技巧转场高明于技巧转场，因此现在大部分的视频制作，更多的会采用无技巧转场的过渡手法。

（1）特写镜头转场。

特写属于强调性景别。特写转场，如图3-29所示，通常是以被摄主体的特写镜头如一双眼睛、一只眼睛、一只手等，以固定镜头的表现形式，或与推镜头连用，直接硬切过渡到下一个特写或其他景别的镜头。这种转场能够将观众的注意力集中在产品的细节或重要的主体角色上，提供强烈的视觉冲击和情绪张力，放大营销视频中的镜头表现力，使观众产生更深刻的观感体验，从而加深对品牌、产品、性能、价值等的传播印象。

图 3-29 电影《我的早更女友》中的特写转场（图片来源 哔哩哔哩网站）

(2) 运动镜头转场。

运动镜头转场是利用推、拉、摇、移等运动镜头的连续性与动态感完成从一个镜头过渡到另一个镜头。这种转场方式在电影、电视、短视频、广告等多种媒体中都有广泛的应用。其优势是使镜头之间的转换更加流畅，避免突兀的割裂感。利用运动的元素抓住观众的注意力，引导视线从一个镜头平滑地移动到另一个镜头。通过控制营销视频镜头的运动速度和方向，建立并调整视频的节奏和气氛。

(3) 动作承接转场。

动作承接转场，是利用动作的连续性完成镜头衔接。设计特点是在前后两个镜头中，来表现一个连续的动作，剪辑切换的节点，在动作转化点上。拍摄时，可以在不同场景中，将同一动作，演绎两遍，剪辑时剪掉重复的动作，连接成完整的动作即可。这种转场技巧，在营销视频中应用广泛，极具趣味性和技术感，既保持了镜头间的动作连续性，也使场景转换显得自然且连贯，节奏和速度明快、爽利，能够平滑自然地将不同时间、地点或情境的变换融入动作中，让观众不知不觉地接受这些变化。

《可口可乐创意广告》

(4) 相似因素转场。

相似因素转场，如图 3-30 所示，是以前后两个镜头的视觉相似性为依托，产生影像匹配的转场技巧。通过在两个镜头之间寻找一些共同的或相似的元素，如形状、颜色、光影效果或人物动作的相似等，实现从一个镜头平滑过渡到另一个镜头。对于营销类视频而言，应用相似因素转场需要一定的创意和技巧，在两个镜头间寻找并设计相似性，凸显创新思维和技术能力，增强视频的独特性和新颖性。

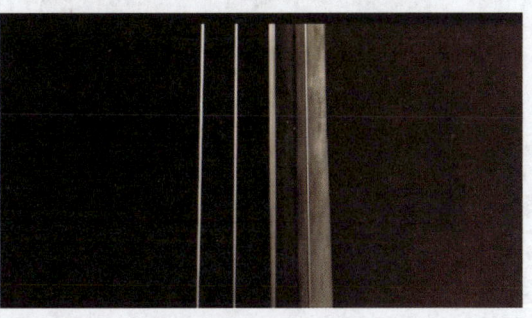

图 3-30 韩国咖啡广告中的相似因素转场（图片来源 哔哩哔哩网站）

（5）遮挡转场。

遮挡转场是一种常见的电影、短视频、广告的转场技巧，通过在镜头间使用前景遮挡物或主体、镜头的运动，使观众短暂地看不到或看不清画面内容，继而转向下一个场景画面，这种视觉被遮挡的效果，具有一定的神秘感和模糊性，节奏简明、硬朗，遮挡物的出现和消失，能够创造出视觉上的惊喜和冲击，使观众的视觉感受更加奇特。

《法国银行广告》

【案例分析】

《瞬步》

入围戛纳电影节青年导演奖的短片《瞬步》，讲述的是一位原本坐在办公室里进行重复枯燥工作的女人，因无法平衡现实和理想的矛盾，在纠结与挣扎中，神奇地无缝穿梭在办公室、游泳馆、图书馆、巴黎的屋顶、土耳其盐湖、大草原等场景中翩翩起舞，利用极具创意的动作承接转场，巧妙果断地游离于现实与幻想空间，构思奇特，创意超然，趣味横生（如表3-4所示）。

《瞬步》

表3-4　戛纳入围创意短片《瞬步》场景转换技巧——动作承接转场

续表

【知识准备】

五、设计镜头语言——镜头速度

快速镜头和慢速镜头是两种常见的镜头画面效果，呈现的是一个画面中的动态内容是快速，还是慢速。在营销视频和广告创作中，主要起到改变时空、控制节奏、营造氛围、丰富视觉效果的作用。

快速镜头：呈现的画面动态感极强，节奏紧凑、密集。时空被压缩，在短时间内传递更多的信息，画面呈现飞速的流畅感，尤其在营销类视频表现产品演示或流程展示等环节中，更加迅速和高效。

慢速镜头：即人们常说的慢镜头，时间被延伸、放大、拉长。善于表现营销产品中那些转瞬即逝的动作。在产品展示或特性解析等场景中，让观众有充足的时间去观察理解，注意到更多的细节，捕捉肉眼难以发现的美感和艺术瞬间。在情绪表达上，慢镜头能够强化情绪，使观众沉浸和动容，产生情感共鸣。

快速镜头和慢速镜头都是创作营销短视频的重要工具，合理地运用，能够有效地提升视觉效果和叙述力，达到营销和广告的目的。

《红星美凯龙家居广告》

【案例分析】

美食类营销视频

一、商业价值

根据马斯洛的需求理论，人类的首要需求是生理需求，主要包括对食物、水、空气等的第一级别的需求。当这些生理需求未得到满足时，人类就无法正常生活、学习以及行动等，其思考能力、道德标准、精神力量会被削弱。在物质丰厚的数字化信息时代，食物不仅仅为人类提供所需的营养和能量,更上升到心理需求,通过美味的口感、丰富的样式、多面的营养,愉悦人们的身心,美食已经具备娱乐和休闲的属性,帮助人们治愈焦虑、舒缓心情、减轻压力。

美食类视频能够从生理、心理、健康、文化、社交等多元化层面,引起广泛和深远的影响,其商业价值巨大,成为许多企业、品牌、地域、理念、意识、生活方式等进行营销推广的重要工具,在社交媒体和视频分享平台上高度传播。

1. 品牌价值

通过发布和分享美食类营销视频能够提高品牌知名度,也可以传达如养生健康、注重品质、创新创意等品牌的理念和价值观,从而强化品牌形象。

2. 销售价值

利用展示美食的种植、采摘、制作、烹饪等过程和食用效果反馈,激发观众的兴趣和食欲,提升产品销售额。

3. 用户价值

利用在媒体传播平台上引发评论、分享、转发、点赞等的用户互动,提升用户的参与度,维护和建立与品牌的双向关系。

4. 合作价值

当美食类视频为品牌增加了更广泛的曝光机会时,其高度的关注率和好评率,也更容易吸引到其他品牌或企业的注意,拓展更多的合作机会,扩大客户群,强化品牌印象,打开知名度。

美食类营销视频的另一个商业优势是目标受众精准。美食主题本身具备极强的吸引力,其潜在观众从儿童到老年人。但由于其传播媒介和分享平台的社交属性,用户以青年到中老年居多。

(1)年龄。根据内容和风格,更精准的定位受众群体在18~60岁。

(2)性别。理论上分析显示,美食类视频观看的用户既可以是男性也可以是女性,但根据短视频平台的数据统计中心显示,女性群体更倾向于观看美食类相关内容,占比多于男性。

(3)职业。由于美食类视频的传播内容通常包含制作过程、烹饪教程、食谱分享、餐厅评价等,因此,受众群体的职业以家庭主妇、烹饪爱好者、生活体验者、餐饮业工作者以及食品行业的专业人士等为主。

(4)爱好。一般而言,热爱美食类视频的受众群体也可能对旅游、文化、健康或生活方式等相关主题感兴趣,因此针对这类小众受众群体,也容易被美食主题与文旅主题有机融合的视频所吸引。

当视频的内容和风格能够满足受众群体的需求和兴趣时,如视频展示了美味、创新、独特、新颖的美食,提供了易于理解和操作的方法教程或力度较强的优惠活动,用户的参与度会相对较高,用户更愿意分享、评论和点赞,转化率也会有所提高。转化率主要取决于视频的内容质量和营销策略。

美食类营销视频的商业价值体现在能够吸引和满足受众群体的需求及兴趣。视频内容与风格的精心设计和创新优化,以及营销策略的执行效率,能够推广并强化品牌,提高用户参与度和转化率,从而实现更大的商业价值。

二、设计定位

首先要确定视频的目的和作用。目的是推广产品，还是教授烹饪技巧，或者分享新的食谱等，从而准确定位视频的内容与风格。

在画面内容上，优秀的美食营销视频需要打破传统，区别于普通生活中所见的常规景象，以引起观众的好奇心和兴趣度，例如，创新的美食食谱、瑰丽的美食盛宴、有趣的烹饪技巧、独特的原料食材、极强的实用价值、健康的营养价值等。

在画面风格上，更加注重色彩的运用与搭配。德国诗人和思想家约翰·沃尔夫冈·冯·歌德在他的作品《色彩论》中对颜色有过独特的分类与理解，他从感知和感觉的角度出发，将颜色分为阳性和阴性，这与传统的"积极"和"消极"的说法有一定的相似性。在歌德的理论中，积极的颜色，如暖色调的红橙黄等，可以引起愉快的情绪，给人以积极、热情、活力的感觉；而消极的颜色，如冷色调的蓝绿等，则引发宁静、冷静，甚至消沉的情绪。因此，对于美食类视频而言，食物的色彩、与背景的搭配、画面色调的冷暖会直观地影响观众的情绪和食欲。

在画面镜头上，可以利用不同的摄影构图技巧来增加画面的视觉冲击力，同时配合一定的运动镜头和慢镜头来展示食物的动态美。选择美观的餐具和背景，利用构图原理进行独特创新的场景布置，并采用良好的自然光线，突出食物质感，增强美食视频的视觉表现力。

三、景别选择

1. 特写镜头

美食类视频需要突出食物的特性与质感，以其形态、状态、色彩等属性在画面中的视觉效果，引发出人们对其口感、香气、味道、营养等的心理感受力和情绪感染力。因此在景别的选择上，可善于运用特写镜头，来展示食物的细节，包括食物的颜色、纹理、烹饪状态，以及制作过程中的各种元素，如特写镜头下捕捉烤肉的油脂滴落、切开的水果爆汁、切开的牛排肉汁、咖啡的奶油溅起、甜品的蜜汁流淌、切碎的食物片粒、撒落的调料微末、烤制的肉质痕迹等，可以拉近观众与食物的生理距离和心理距离，使观众更为直观、直接地感受到食物带来的食欲刺激，令他们更渴望"品尝"到视频中的美食（如图3-31所示）。

图3-31 美食类短视频中的特写镜头（图片来源 哔哩哔哩网站）

2. 中景镜头

中景镜头属于叙事性景别，运用频率较高，既能够呈现食物的状态，如热气腾腾的美食出炉，又能够同时展示食物周围最紧密的沉浸式环境及人物表现力，提供更丰富的上下文信息。例如，在制作烘焙视频时，中景镜头可以展示烤箱、制作台、用过的厨具，或其他美食烹饪时的人物翻炒、煮炖、浇汁、淋酱、裹粉、揉面等动作过程，可以让观众更好地理解整个制作流程，接收实用性和可操作性信息（如图3-32所示）。

3. 全景镜头

全景镜头用来呈现范围较大较广的场景，给观众提供一个宏观视角，让观众了解食物是在什么样的环境中呈现的（如图3-33所示），括食物食材、种植地域、运输方式、采摘环境、人物状态等。例如，一个美食视频开始时使用全景镜头，展示一个整洁的厨房或者一个充满热闹气氛的市场，又或者一个优渥环保的养殖环境等，为视频设定背景和氛围，引导观众进入视频的世界中。这类景别的镜头通常适合在视频的开头或者结尾使用，为整个视频提供一个框架，起到交代和总结的作用。

图3-32 美食类短视频中的中景镜头
（图片来源 视频号）

图3-33 美食类短视频中的全景镜头
（图片来源 哔哩哔哩网站）

四、角度选择

1. 俯拍角度

俯拍视角由于是从上往下拍摄的镜头表现力，更适合表现食物烹饪的状态及过程，让观众清楚地看到食物的制作步骤。符合人们日常烹饪操作的视角习惯，赋予了观众身临其境的感觉。这种镜头通常配合步骤说明，简洁明了，逻辑清晰（如图3-34所示）。

图3-34 美食类短视频中的俯拍镜头（图片来源 哔哩哔哩网站）

2. 平拍角度

平视视角属于客观性镜头，不存在从上往下，或从下往上的主观性视觉情绪，平静且公正，适合表现人物烹饪或品尝食物时的神态和动作，帮助观众建立与人物的情感链接（如图3-35所示）。

图3-35 美食类短视频的中平拍镜头（图片来源 哔哩哔哩网站）

比如食品品牌Tasty的短视频制作就非常成功。视频大量使用俯视角度，清晰展示食物制作的全过程，通过简洁、快速的剪辑和动态的视觉效果，让观众在短时间内就能了解食品的制作方法，并产生强烈的食欲。同时，会使用亮丽的颜色和精致的道具，以及美味的成品特写镜头，增强观众的视觉冲击力，从而吸引更多的关注与分享。

五、画面构图

（1）三分法和中心构图法，是突出食物主体的有效方法。美食类视频食物作为主体，占据画面的主导地位。使用黄金分割法即三分法，或者X形的中心对称式构图法，将食物放在画面的交点或交点的沿线上，突出主体，使食物成为画面的视觉焦点（如图3-36所示）。

图3-36 美食类短视频中的三分法构图（图片来源 哔哩哔哩网站）

（2）对角线构图法，也称斜线构图法。按照对角线的方向排列食物，如将一排寿司或一排饼干沿着对角线排列。创造出视觉上的流动性，使画面看起来更有活力。餐具、布料或其他道具也能够用来形成对角线，例如将刀叉、筷子或酒杯沿着对角线的方向放置。通过切割食物或添加装饰来形成对角线，如将蛋糕或面包对角切割，或者在比萨、汉堡上以对角线的方式添加酱料。此外，创新拍摄场景，除了在内景拍摄美食以外，还可以尝试到户外、餐厅，甚至特定的主题酒店等场景下拍摄。摄影机以斜侧的方向进行拍摄，将排列好的餐具、厨具、食材、调料等用具或户外地平线、丛林、围栏等自然景观呈现的显性或隐性的线条构成对角线形状，以斜线式的状态，引导观众的视线融入赋有延展感和深度感的场景当中，提升画面趣味性和艺术性（如图 3-37 所示）。

图 3-37　美食类短视频中的对角线构图（图片来源　哔哩哔哩网站）

（3）三角形构图法。在美食视频制作中，三角形构图法能够以非常独特和吸引人的方式展示食物，将食物以三角形的方式排列。如将三块蛋糕或三个水果放在一起，形成高低错落的三角形结构；或者用两个餐具交叉放置，在其顶部放置一个食物，形成三角形；也可以将食物堆叠起来，形成三角形。在三角形构图中，使用视觉线索引导观众的眼光。视觉线索以食物的形状、颜色、纹理或光线为主，当形成三角形后，就能够使画面更有趣，更具动态感，食物的呈现形式也更新颖，更具立体感，从而引导观众的注意力（如图 3-38 所示）。

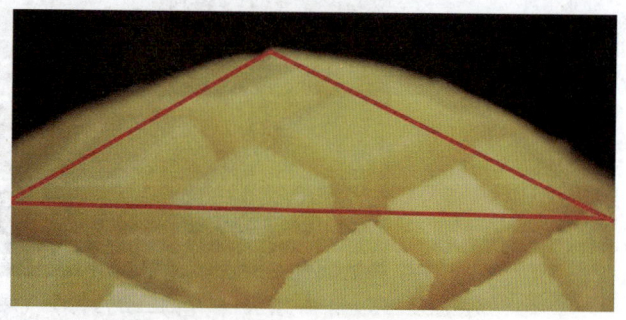

图 3-38　美食类短视频中的三角形构图（图片来源　哔哩哔哩网站）

【边学边练】

练习项目：拍摄 30 秒的美食类短视频

1. 团队设置	2～3 人一组，明确分工
2. 确立选题	小组讨论，确定拍摄的美食主题，进行选题汇报

续表

3. 创意策划	结合通过的选题，撰写创意策划书 包括受众分析、投放平台、营销策略、互动机制、画面风格、镜头脚本、灯光照明、场景道具、服装造型、背景音乐、工作进度表等
4. 构图方法	重点突出特写镜头、俯拍角度；三分法、X构图法、对角线构图法、三角形构图法
5. 镜头语言	重点运用固定镜头、跟镜头、摇镜头；分画屏、定格、相似因素转场、慢镜头

【案例分析】

文旅类营销视频

一、商业价值

从精神文明建设的角度上来看，文旅类短视频的传播通过展示当地的历史文化、风土人情、精神传承、旅游宣传等来加深民众对民族文化的理解和认同。这种认同感的提升，有助于维系社会的文化连续性和精神凝聚力。

从商业价值的角度上来看，文旅类短视频将城市风貌、历史遗迹、建筑格调、当地美食、旅游景观等多种元素融合起来，推动文化产品和服务的消费，吸引游客前来旅游，提高旅游消费，促进旅游业的发展，也能够为其他相关产业带来经济利益。同时，促进各国不同文化之间的交流与理解，拓展国际市场，为本土文化产品的出口创造机会。

在短视频营销的策略上，更强调将文化元素与历史背景融入故事性，深度且立体地增强受众的情感联结和记忆点。同时，全方位展示地区的历史背景，或展现城市的现代化面貌、特色街区和地标建筑，能够塑造城市形象，提高城市知名度。多平台快速而广泛地特定推广，可以吸引那些对深度体验和文化探索有兴趣的游客，也可以吸引投资方和商业活动，促进经济发展。

在旅游宣传的创新上，全新的VR、AR等技术提供的互动体验，能够增加用户参与度，提升宣传效果。此外，根据不同的目标市场制作定制内容，例如亲子游、探险游、夕阳游等，能够更精准地吸引特定群体，实现经济效益。

二、社会价值

结合教育理念的短视频设计能够提升公众尤其当今青年一代的政治素养和历史文化意识。通过在短视频中传播社会主义核心价值观，增强公众的社会责任感和身份认同感。此外，由于短视频的传播范围广，可以使更多的人了解和认识到城市的文化、历史，加深文化的传播力度，提升文化影响力。在创新教育方式上，短视频的形式新颖、实用，更容易吸引学生及年轻人，因此创作和传播文旅类短视频作为创新教育的方式，能够有效地吸引年轻人的注意力，提高他们的接受度。

三、设计定位

故事性与地域特色展示。在文旅类短视频中要善于创建个性鲜明的人物角色，例如当地的手工艺人、传统歌舞者或小吃摊主等，将风土人情、文化背景、历史遗迹有机融合为有起承转合的故事情节，让观众在短短的几分钟内感受到内涵与深度。也可以挖掘未被广为人知的特色故事或神奇的地方传说，以类似纪录片的纪实手法采访当地居民和旅游者对该地区的看法，寻找新颖的视角和独树一帜的亮点。

结合当前流行趋势，如可持续旅游、慢生活等，以创新的角度切入当地的自然风光、历史建筑、地理标志、节庆活动和民俗艺术，记录当地人物的原生态日常生活，展示地域文化，突出地域特色。如果使用当地语言和方言作为视频中的对话或旁白，更易增加地域文化的真实感。

通过塑造的个性故事和原生态的地域风情，能够建立人与人之间的普遍情感连接，将家庭、友情、爱情等嵌入其中，以触动观众的心弦，产生情感共鸣。

四、景别选择

运用远景、全景镜头，俯视航拍或低角度仰拍，捕捉环境、风光、景观、建筑的宏伟度和空间感，强调气势、意境、美感和冲击力。

五、角度选择

运用特写或长焦镜头来突出细节或者远处的景物，创造视觉层次感。实施平稳的移镜头，如滑轨或稳定器、航拍仪等拍摄，形成动态镜头画面的电影感。

六、画面构图

以三分法来安排主体元素在视觉中心的位置。利用对角线构图法表现地平面、水平线、稻田、桥梁、山路、公路等具有引导线趋势的风光景物。在建筑题材的拍摄上，可以重点运用 X 中心对称构图法，来强调建筑的均衡美和对称感。也可利用光影造型、色彩构成和景物本身形态的对比，采用对角线或三角形的构图形式引导观众的视线，突出画面的焦点。呈现画面的平衡与和谐，避免过于复杂或拥挤的构图。

七、镜头运用

（1）以跟镜头捕捉动态元素，如流水、飞鸟、行走的人群、车流等，活跃画面，增强视频的灵动性和生活气息。

（2）实时监控光线变化，利用延时摄影拍摄日出、日落、云彩等自然流动状态，增强视觉效果。

（3）以摇镜头和固定镜头来控制情绪节奏，同时能够展现更多的细节和信息量。

（4）遮挡与转场。使用自然的场景元素，如树叶、门窗、人群等，作为遮挡物，完成地域的过渡，自然切换到下一个场景中。或直接利用自然的场景元素作为空镜头，硬切过渡，交代时空变化，完成转场。

（5）相似因素与动作承接转场通过色彩、光线、动作、图形等的相似性来连接不同场景，例如由街边售卖的庙塔小纪念品转场到真正的庙塔实景；或者由当地匠人缝制服装的镜头，转场到人们穿着服装悠闲游玩的镜头等。也可以利用人物的动作，承接在两个镜头间，实现动作承接转场，例如由人物在湖边载歌载舞的情景转场到在草原上载歌载舞的情景，或不断地乘坐在不同的交通工具上完成上下更换交通工具时的动作承接，完成转场等。

（6）叠化和闪白。利用叠化或闪白转场，完成现在和过去历史时空的对接转场，解密历史事件、介绍文化背景等。

（7）特写和推镜头转场。通过特写镜头和推镜头的连用，完成各个不同场景的过渡转换。例如推镜头拍摄一杯热茶的特写镜头，继而转场到茶乡的种植地，或推镜头拍摄城市图书馆史书的特写镜头，转场过渡到城市街景、建筑、景点胜地等。

（8）利用快慢镜头，完成时间节奏的控制，创造出赋有惊喜和视觉冲击力的画面效果。

八、样片分析

原创微视频短片《传承与担当》，为疫情期间拍摄的学生作品，荣获全国职业院校

"传承的力量"微视频大赛（吉林赛区）二等奖。短视频以吉林省长春市的新民大街、伪满国务院旧址为历史文化背景，传承红色革命力量和白求恩精神，铭刻抗日战争历史，纪念抗疫奋战历程，宣传城市文明形象（如表3-5所示）。

表3-5 学生原创短片《传承与担当》

传统文化	 《传承与担当》 Inheritance and Responsibility	 编导 霍金花 Producer Director Huo jinhua	 指导教师 Faculty Adviser 宫旭 Gong Xu 吉林省经济管理干部学院 JiLin Economic Management Cadre College	 "长安大道连狭斜" "青牛白马七香车" 唐 卢照邻
地域特色	长春文化广场：摇镜头、仰拍、全景、X构图			 新民大街：跟镜头、远景、引导线、快慢镜头	
画面构图	固定镜头、推镜头、前侧、对角线构图			旋转镜头、对角线构图、仰拍、快慢镜头	

续表

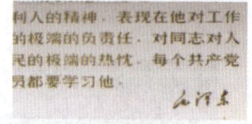

镜头语言	   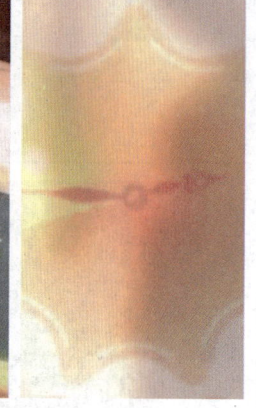 对角线构图、X构图、仰拍、远景、推镜头、拉镜头、摇镜头、叠化转场、闪白转场、倒退加速镜头
教育意义	    引入历史图片、视频资料，铭记革命历史
	   远景、全景、中景、特写、推镜头、拉镜头、摇镜头、跟镜头、快慢镜头、叠化、闪白转场

项目三 新媒体视觉设计

续表

教育意义	**青春的担当** **中国梦**
	中景、远景、全景、近景、仰拍、正面、背面、前侧、三分法、对角线构图、X 构图、固定镜头、跟镜头、叠化、闪白、遮挡转场、慢镜头

【边学边练】

练习项目：拍摄 2~3 分钟的文旅类短视频		
1.	团队设置	2~3 人一组，明确分工
2.	确立选题	小组讨论，确定拍摄内容，融入传统文化或红色革命、历史、传说等题材
3.	创意策划	结合选题，撰写创意策划书 包括受众分析、投放平台、营销策略、互动机制、画面风格、镜头脚本、灯光照明、场景道具、服装造型、背景音乐、工作进度表等
4.	构图方法	重点突出远景、全景、近景镜头；仰拍、俯拍角度；以三分法为主，X 型构图法、对角线构图法为主
5.	镜头语言	重点运用推镜头、拉镜头、摇镜头、移镜头；叠化、闪白、遮挡转场；快慢镜头

【案例分析】

产品类营销视频

一、商业价值

产品类营销短视频主要针对物品类产品，如电子产品、家居产品、个人用品、生活用品等进行传播和营销。对于这类产品，需要通过制作有创意、有品质的短视频，将其特性、功能、价值和优势以视觉化、生动化的方式展示出来，激发用户的购买欲，实现其商业价值最大化。

二、设计定位

与传统的电视广告、门店推广、线下宣传、户外广告等相比，营销类短视频打破了传播范围受限、营销成本较高等因素，可以直接通过多种社交媒体平台进行传送和推广，覆盖范围大、面积广、速度快。例如化妆品、衣物、电子产品、生活用具等，短视频快而广地直接展示穿搭方式或使用效果，鼓励了广大网民的消费渴望，也激发了用户参与的热情度和互动性，带动口碑传播及体验反馈，从而提升销售业绩，优化产品与营销策略。

三、景别选择

产品类营销视频在景别、拍摄方向和高度的运用上比较全面和广泛，以便于全方位、多角度地展现产品的外观、样式、色泽、质地、功能等。

（1）远景。利用远景展示产品在其使用环境中的完整面貌和氛围意境。如家具、灯具、厨具、装饰等家居用品，在其所处的环境中更直观地呈现出设计和风格。再如，电视、音响设备等电子产品，远景能够展示其在生活空间中的实际应用和效果。

（2）全景。全景对于服装、小型电子产品、生活用品等对视觉效果要求高的产品尤其重要。例如，服装的全景可以展示其整体设计和搭配效果，生活用品则可以展示其外观设计样式、大小尺寸和色彩风格。

（3）中景。中景能够让观众了解产品与人的关系，包括人们使用过程中的操作关系、方便程度，既能看到产品的部分细节，也能看到人物的肢体动作。强调流程环节、使用方法等。

（4）近景。通常展示产品的细节和特性。如电子产品的按钮、界面等细节，家居产品的纹理、材质；服装的面料、质地以及颜色；食品饮料的成分等。

（5）特写。特写在产品类营销视频中主要用于突出某一特征，尤其是品牌LOGO、功能键等，或化妆品上妆后的局部细节状态，以及服装的精致图案等。

四、角度选择

拍摄角度通常包含了正面、侧面、斜侧和背面所有方向，以保证产品的多面化呈现，让观众了解得更完整、更细致。拍摄高度以平拍、仰拍、俯拍多角度立体呈现，保证产品功能的客观性和观众视角的舒适性。

在每一种产品的视频设计中，都不是单一使用一种景别、方向和角度，而是根据表现的内容和重点，适当地进行不同的切换，使画面更具动态感和视觉冲击力，如利用全景、平拍展示服装的整体效果，切换到近景、俯拍展示面料的质感和颜色。

合理运用不同的景别、方向、高度，以最佳的距离和视角展示产品，能够吸引观众的注意力，提高视频的观看体验。同时，不同的产品可能需要强调不同的视觉元素，因此要抓住每种产品的本质特征，有的放矢地选择拍摄距离、方向和高度。

五、画面构图

在构图方法的使用上，重点明确主体，以吸引观众的注意力，推广产品，刺激销售。首选以X型中心对称式构图为主，让产品占据画面的中心位置，突出产品严谨、优质的品牌特性，强调核心价值，具有正规感和实用性。其次，辅以一定的三分法、对角线、三角形构图，创意画面，使其具有生动性、灵活性和趣味性，避免单调、呆板的视觉观感效果。构图时应注意背景的简洁度，过于烦琐，会分散观众的注意力。例如，在设计家居用品构图时，尽量在单色或者纯色的背景上进行构图，以突出产品的视觉中心点。

六、镜头运用

（1）推镜头。运用推镜头由远及近的视觉效果，突出产品的重要特性或者引导观众的注意力。如在展示手机或电脑产品的特定功能时，通过推镜头聚焦观众的视点和情绪到屏幕上的产品的细节，一般可由全景镜头推到近镜头。

（2）拉镜头。拉镜头由近及远的视觉效果有利于展示产品的整体环境和氛围。如展示家具或装饰品等家居用品时，通过拉镜头循序渐进地将产品在整个房间中的布置和效果逐步展现，给观众带来豁然开朗或眼前一亮的视觉冲击感。

（3）摇镜头。摇镜头善于展示产品的多个方面或者从一个特性平滑摇摄到另一个特性。例如，在展示服装时，镜头从头部的配饰摇摄到身体的衣物，让观众带有期待性地感受到整套服装的搭配，如果接着再将镜头拉摄到全景，观众就可以由细节到整体地连续式地感受到服饰的风格和品位。

（4）移镜头。移镜头适合跟随产品的动态，使观众产生一种跟随产品的体验。例如，当展示食品和饮料的制作过程时，移镜头可以跟随操作者的动作，带领观众一步步了解制作过程，增强观众的代入感和沉浸感。

（5）跟镜头。跟镜头在展现产品使用过程中尤为有效，它与移镜头的区别在于，跟镜头拍摄的画面通常保证构图不变、景别不变，镜头与被摄主体的速度一致，呈现相对静止的状态，能够更同步地跟随产品或者使用者的动作，来展示产品的功能和效果。例如，在展示口红或者眼影产品时，跟随模特的动作，展示化妆品的使用过程和效果。

在运动镜头的应用中，要判断产品的特性是否与视频的主题相协调。同时，避免过度或反复使用同一种运动镜头，使观众感到眩晕或分散注意力，从而忽视内容。因此，在短视频的设计制作中，要适当地配合固定镜头来表现画面，以凸显运动镜头独特的动态感和视觉冲击力，动静结合，才能更吸引观众，加深他们对产品的印象。

七、样片分析

观看《香奈儿彩妆甲油创意广告》，（来源哔哩哔哩网站）。

《香奈儿彩妆甲油创意广告》

【边学边练】

练习项目：拍摄 1 秒 ~ 2 分钟的产品类短视频	
1. 团队设置	2~3 人一组，明确分工
2. 确立选题	小组讨论，确定产品主题，选题汇报
3. 创意策划	结合选题，撰写创意策划书 包括受众分析、投放平台、营销策略、互动机制、画面风格、镜头脚本、灯光照明、场景道具、服装造型、背景音乐、工作进度表等
4. 构图方法	重点突出全景、中景、近景镜头；平拍、俯拍角度；以三分法为主，其他构图辅助
5. 镜头语言	重点运用推镜头、拉镜头、跟镜头、移镜头；叠化、运动镜头转场；快慢镜头

【案例分析】

汽车类营销视频

一、商业价值

优秀的汽车类短视频能够提高品牌的专业形象和市场认知度。具体可以通过品牌故事、设计理念和制造工艺等汽车的细节，如动力性能、操控稳定性、安全性能、内饰工艺等的视觉效果，使消费者更全面地了解汽车产品，增强消费者对品牌的信任和好感，进而促进销售。

利用视频作为销售工具，辅助销售人员展示汽车功能，在各类传播平台上作为吸引潜在客户的营销手段，通过视频营销活动激励消费者进行预订和购买。

视频传播和观看的各类数据，如观看时长、点赞数、分享次数和评论等，能够提供有价值的市场反馈和消费者偏好信息，帮助品牌优化后续的产品开发和营销策略。

品牌通过视频的设计创作，讲述自己的历史、发展和愿景故事，加深消费者对品牌文化的认同，建立情感连接，刺激消费者的购买欲。

二、设计定位

研究并确定好目标市场和受众群体后，针对消费群体的兴趣点和需求，创作引起共鸣和充满新意的视频内容。例如结合当前的流行元素、文化话题或潮流趋势来吸引年轻消费者；展现汽车与人的情感连接或者汽车在不同生活场景中的角色；或创造一个吸引人的故事背景，像冒险旅行、都市探险、家庭乐趣等。也可以考虑以用户体验为中心的创意设计点，以用户的视角展现汽车特性，适当加入隐喻或者象征性元素来隐晦地呈现汽车的特点和优势，突出汽车产品的内在品牌价值。

三、景别选择

多采用特写强调细节、质感、性能；以全景展现外观、款式、色彩；远景衬托意境，形成氛围感。

四、角度选择

多以前侧角度拍摄，使产品多面、立体，更为灵动、活泼。正面和背面强调品牌LOGO，侧面突出车辆的行进感，运用低角度镜头来强调汽车的庄严感和力量感。也可以利用对比色彩和背景使汽车更加凸显。

五、画面构图

构图的作用是凸显产品。遵循三分法构图原则，确保汽车主体位于画面的视觉中心点上。利用引导线，如道路、桥梁，带动观众的视线，形成对角线构图。强调汽车的流线感。

六、镜头运用

运用动态模糊和快慢动作镜头来增加速度感和戏剧性。重点采用跟镜头来展示汽车行驶时的稳定性和动态性能。强调运动镜头的平稳性、流畅度，如利用移动轨道、无人机、影棚绿幕抠像拍摄等，显现动感、愉悦、富有冲击力的视觉效果。

场景转换注重镜头衔接的流畅性、自然度和创意手法。例如，运动镜头转场、遮挡转场、动作承接转场、相似元素转场、分画屏或画中画等手法，来展示汽车的不同特性或在不同环境中的表现。

汽车类短视频设计的核心是视觉上的吸引、内容的创意有深度、技术功能的先进。不仅能够展示汽车的特性和功能，还要传达一种梦想和生活方式，唤起观众对驾驶乐趣的向往。

七、样片分析

观看《沃尔沃S60创意广告》（来源哔哩哔哩网站）。

《沃尔沃S60创意广告》

【边学边练】

练习项目：创作汽车类短视频的分镜头脚本	
1. 团队设置	个人完成
2. 确立品牌	确定产品品牌，研究历史背景、文化内涵，选题汇报

续表

3. 创意文案	结合选题，撰写创意文案 融入品牌背景故事、强调故事内容的创新性，广告表现手法独特
4. 分镜脚本	重点设计景别、角度、摄法、画面构图、转场效果、声画关系等

项目实训　视觉设计

【项目描述】

上周，小李为企业做了一篇将中秋节与企业销售相结合的文案，主管十分满意，希望小李结合文案，进行色彩搭配设计，并完成设计表格。

文案主题：中秋节、文创产品

【设计配色方案】

文案设计调查		
人	受众群体	
	购买意向	
	购买能力	
	用户画像	
社会	市场调查	
	调查问卷	
	同类产品	
	应用环境	
理论	配色理论	
	文化背景	

文案目标设定		
刺激	引人注意	
心动	流行趋势	
说服力	易于沟通	
满足	功能效果	

【设计营销视频】

按照以下框架进行分析设计：

1. 商业价值
2. 设计定位

3. 景别选择
4. 角度选择
5. 画面构图
6. 镜头运用

【项目评价】

评价项目	评价内容及要求	配分	自我评价	小组评价	教师评价	得分
理论知识	了解使用色彩的功能	5				
	掌握不同节日及不同行业领域的色彩搭配设计技巧	10				
实操内容	市场调研	15				
	配色方案设计	15				
	营销视频设计	15				
职业素养	调研总结能力	15				
	整体色彩搭配感	15				
	团队合作	10				

项目练习

一、单选题

个体在接收外部信息时，视觉占全部信息的（　　）。

A. 10%　　　　B. 20%　　　　C. 50%　　　　D. 83%

二、多选题

下列色彩的功能包括：（　　）。

A. 审美表现功能　　　　　　B. 氛围营造功能

C. 信息传达功能　　　　　　D. 视觉识别功能

三、判断题

通过眼睛来观察事物是人们认知的主要途径，而色彩是人们记忆度最高、识别度最高的方式。（　　）

项目四

新媒体视频制作

【学习目标】

[知识目标]
- 掌握剪映电脑专业版的基础操作方法。
- 掌握视频剪辑的基础。

[能力目标]
- 能够利用剪映电脑专业版对视频素材进行简单编辑。
- 能够独立完成简单的拍摄。

[情感目标]
- 激发学生对利用剪映软件进行设计的兴趣,培养学生对视频编辑的设计思维。

【思维导读】

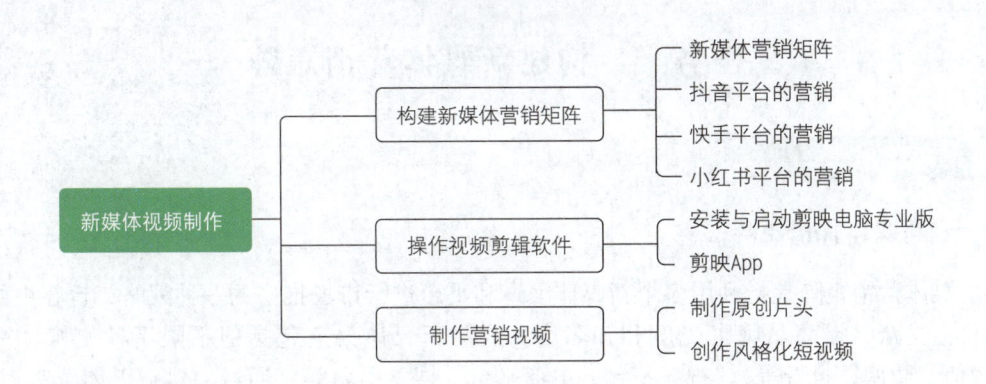

新媒体视频制作
- 构建新媒体营销矩阵
  - 新媒体营销矩阵
  - 抖音平台的营销
  - 快手平台的营销
  - 小红书平台的营销
- 操作视频剪辑软件
  - 安装与启动剪映电脑专业版
  - 剪映App
- 制作营销视频
  - 制作原创片头
  - 创作风格化短视频

【案例导入】

2021年2月5日,快手以115港元/股的发行价在香港交易所上市,股票代码为1024.HK。首个交易日开盘价高达338港元,较发行价上涨193.91%,市值超过1.39万亿港元,成为当时备受瞩目的"短视频第一股",也是中国互联网企业中最新冲入万亿级别行列的一员。

财务报表显示,快手的收入持续增长,从2017年的83亿元增至2018年的203亿元,

再接续增长至 2019 年的 391 亿元。2020 年上半年营收更是飙升至 407 亿元，与去年同期的 273 亿元相比有着显著增长。这些出色的数据表现引人注目，也引发了人们对其主要竞争对手"抖音"未来上市的期待和关注。人们开始思考，"既生快，何生抖？"尽管快手是行业的先行者，但抖音借助今日头条的资源优势和算法技术，逐渐展现出超越快手的态势。

统计数据显示，抖音的月活跃用户人数（MAU）长期超过快手，虽然后者一直在努力迎头赶上，但仍处于领先地位之下。自 2018 年 4 月抖音超越快手之后，抖音始终保持领先地位。截至 2020 年 9 月，快手主站的月活跃用户达到 4.08 亿，而抖音短视频平台的月活跃用户则高达 5.24 亿。

短视频行业正逐渐进入两强对决的时代，一方面是注重社交属性、致力于社区"去中心化"的快手；另一方面是注重发布优质内容和追求爆款，具有冲击力的抖音，如图 4-1 所示。

图 4-1　快手与抖音（图片来源　网易）

【课堂讨论】

抖音与快手作为当代年轻人喜爱的短视频平台，二者存在哪些不同？

任务一　构建新媒体营销矩阵

【知识准备】

一、新媒体营销矩阵

新媒体营销矩阵是指利用多个新媒体渠道和平台进行市场推广的一种策略，旨在更好地覆盖目标受众，提高品牌曝光度和知名度。这些新媒体渠道包括但不限于社交媒体平台（如微信、微博、抖音等）、视频平台、电商平台、搜索引擎等。通过构建新媒体营销矩阵，企业或品牌可以将各种媒体资源整合起来，形成一个综合的资源网络，从而实现个性化的新媒体推广策略，并适时地进行监测和优化。

新媒体营销矩阵的构建需要根据企业或品牌的需求和目标来进行，可以选择不同类型的矩阵，如垂直型矩阵、综合型矩阵或社交型矩阵。同时，在构建过程中，还需要相关的媒体资源整合、技术支持和数据分析等方面的专业知识和技能。

总的来说，新媒体营销矩阵是一种有效的市场推广策略，可以帮助企业或品牌更好地利用新媒体渠道和平台，提高营销效果和品牌影响力。

二、抖音平台的营销

抖音平台以"兴趣"作为出发点，重点在于对公域流量的运营与把控，利用专业的算法来强调兴趣推荐的精准性，通过这一精确的算法来发现用户隐藏的消费需求，以此来帮助商家将商品推送到目标受众的消费者面前，以此来提高营销效果。

抖音是一个社交化的平台，抖音以短视频为主要形式，每段视频限制在 15 秒或 60 秒，更适合快节奏、简洁明了的内容传达。品牌可以通过巧妙设计和创意的短视频，吸引用户的眼球并产生共鸣。用户可以轻松将视频分享给其他社交媒体平台上的朋友圈、微博、微信等，有效扩大视频的传播范围和品牌曝光度。

抖音平台提供了多种多样的广告形式，如品牌露出、引导式广告、明星代言等。品牌可以根据自身需求和预算选择适合的广告形式进行推广。同时充分利用抖音的互动功能，如评论、点赞、转发等。与观众积极互动，回复评论，增加用户参与度，建立更紧密的连接。

抖音平台的营销还可以利用"优质内容 + 粉丝互动"来加磅传播。所以在抖音上，经常看到品牌通过类似内容的视频投放，通过用户之间的互动，复制给更多不同的达人和用户，而这个内容模式，就是通过首批用户的观看度和完播率，以及互动数据，测试内容的优劣与否。当然，我们还要监测这些互动行为所产生的影响，持续跟进。

从抖音平台使用推广方式上分析，可以分为私域流量、公域流量、商域流量。抖音的私域流量包括账号内的组件、私信、CRM 数据、整个账号体系搭建等，都属于私域部分，需要我们通过不断的数据运营去优化。公域流量，主要是推荐流量，如抖+等。商域流量指的是信息流、开屏广告等。

综上所述，通过运用以上的策略，品牌可以在抖音上提高视频的曝光度和观看量，实现更好的营销效果。然而，品牌也需要不断尝试创新和优化，根据用户反馈结果不断进行调整，以实现更好的效果。

三、快手平台的营销

在快手平台上，用户与短视频内容创作者存在一种天然的信任关系，以信任为核心，快手平台探索出独具特色的"信任电商"模式，以此来推动流量的高效转化并且变现的能力，这是快手电商的主要特征。

信任电商基于用户与主播之间的密切连接，将公域流量中的潜在用户引入直播间后，实现从直播间的观众到消费者的高效转化，进而完成公域向私域的积累，同时还要考虑如何缩短用户的消费决策路径，从而赋能更多品牌及商家。

快手通过在私域流量的沉淀、多元化的产品、"老铁"社区文化构成的"信任三角"基础上，为入驻的品牌和商家制定知识产权保护法则等，进一步强化品牌、商家与消费者之间的信任关系，有效地维护了三者之间的合法权益，形成良性循环，推动信任生态的持续完善。

快手和抖音的营销运作方式不同，可以说抖音是一个以内容为主，中心化分发内容的平台，而快手是一个典型的圈层社交平台，背后是每一个人的真实生活。如果说抖音是一个内容丰富的平台，那么快手就是一个可以人人分享的平台，它是一个充满奇趣和民间高手的地方。在快手平台和粉丝们的相处，类似于熟人社交圈，圈层内的价值观认同感极高，相比抖音来说，快手平台不容易制造内容爆款，但是更容易创造与用户之间的黏性。因此，快手平台的营销重点就在于"老铁"社交关系＋"真实"内容＋畅通的转化。

快手提出了一个"人立方"的概念。按照传播的逻辑，可以分为三类人。

第一类是宣传的人，比如明星大 V、带货强 V，他们都有强的覆盖属性，很有传播能力。

第二类是裂变的人，包括很多资深用户、社群主、品牌经纪人等，他们是真实的人，也会发种草内容相关信息，并且提供这样的服务，所以他们具有很强大的扩散力。

第三类是渠道的人，比如柜台营业员、批发商、小店主等，他们可以做直接连接、渠道运营、电商销售和线下引流，这是营销能力的体现。

四、小红书平台的营销

小红书与前面几个平台相比，它的客户群体更偏向女性用户，是更生活化的平台。所以据数据统计，小红书平台拥有 2.5 亿的注册用户，女性用户占到了 80%，其中有 70% 的人都是"90 后"，一二线城市的用户占到了 60%。很多年轻人都会在小红上"种草"，去搜索好吃好玩有趣的生活方式，了解消费趋势的信息。而品牌可以通过大量的"种草"内容和互动，与用户建立联系，传递故事内容。例如，小红书是美妆品牌必须入驻的平台，无论消费者的转化有没有发生在小红书平台，哪怕是去其他电商平台购买，但是在小红书"种草"这一步是绝对不能缺少的。

小红书的另一个鲜明特点就是真实和多元化。在这里，可以看到真实用户的口碑沉淀内容，此外，无论是普通用户还是关键意见领袖作品拍摄的质量都非常高，而且很会通过讲故事来创造场景。用户看到之后，就会觉得这才是我的生活指南，就会继续想去体验。它的多元就体现在，无论是大小品牌，都可以在这里创造多样化的场景，找到各自的目标用户进行放大。所以在小红书营销的逻辑也很简单，就是让用户在这里发现他们喜欢的内容，通过图文或视频标记生活，进而就会集合成口碑的传播，引起相关话题讨论。种草后用户就可以通过链接直接购买产品。

小红书的营销逻辑：让用户在这里发现、交流、购买和分享体验（如表 4-1 所示）。

表 4-1　小红书的营销逻辑

发现喜欢的内容	图文视频标记生活	口碑传播	种草购买

【案例分析】

百雀羚面膜营销推广

百雀羚曾经上市一款新产品面膜（如图4-2所示），做推广的时候，在快手就用了"人立方"的模式。宣传的人主要就是明星大V+带货强V。这些带货的人，并非是那种传统的美妆博主，更多的是一些网红达人，而他们的粉丝同样也有美妆的需求。明星大V通过账号发布短视频，号召粉丝们参与品牌话题活动。各路带货强V则制作与品牌话题相关的创意视频，为粉丝们提供参照模板，激发更多人参与互动。

图4-2 百雀羚面膜（图片来源 百度）

除此之外，百雀羚选择了全国各个销售渠道的员工。线上每个员工都需要在各自的快手账号、朋友圈发布带有品牌原创话题的互动内容。同时，线下门店也会配合相应的运营活动，活动参与者可以到店参与体验和产品相关的一条龙服务。

最后的营销效果是线上活动有近900万人参与，点赞数超过20万，用户生成并上传作品超过2 000个；线下"美轮美奂"化妆品门店单天业绩60%以上都是由百雀羚贡献的，而平时只有30%左右。

【边学边练】

构建初创企业新媒体营销矩阵

你是一家初创企业的营销经理，该企业专注于某一类型的特定产品。为了扩大品牌知名度和销售量，你决定构建一个新媒体营销矩阵。

企业类型包括：

女性时尚品牌，如"ONLY"的女装部门，专注于女性时尚服饰。

男性健康产品公司，如"男士健康网"，提供男性健康咨询和产品。

青少年教育科技公司，如"编程猫"，专注于儿童编程教育。

中老年健康保健品公司，如"汤臣倍健"，提供针对中老年人的健康保健品。

地方特色食品公司，如"老干妈"，生产具有贵州特色的辣椒酱。

地方文化旅游公司，如"西安旅游集团"，提供关于西安历史文化的旅游服务。

男士理发用品品牌，如"吉列"，专注于男士剃须刀和护理产品。

儿童玩具制造商，如"乐高"，生产适合不同年龄段儿童的玩具。

老年人智能家居公司，专注于为老年人提供智能家居解决方案，以提高他们的生活质量。

地方特色餐饮连锁,如"海底捞",提供四川特色的火锅。

请你列出包含在新媒体营销矩阵中的至少五个渠道,并简要说明每个渠道的特点和它在营销中的作用。针对每个渠道,请设计一项具体的营销活动或策略,以吸引目标受众。考虑到资源和预算的限制,请提出在实施你的新媒体营销矩阵时可能面临的挑战,并给出应对策略。

任务二　操作视频剪辑软件

【课堂讨论】

1. 你平时剪辑视频采用什么软件?优势在哪?
2. 剪映电脑专业版支持哪些格式的视频导入和导出?

【知识准备】

一、安装与启动剪映电脑专业版

在 https://www.capcut.cn/ 下载剪映电脑专业版并安装,如图4-3所示。

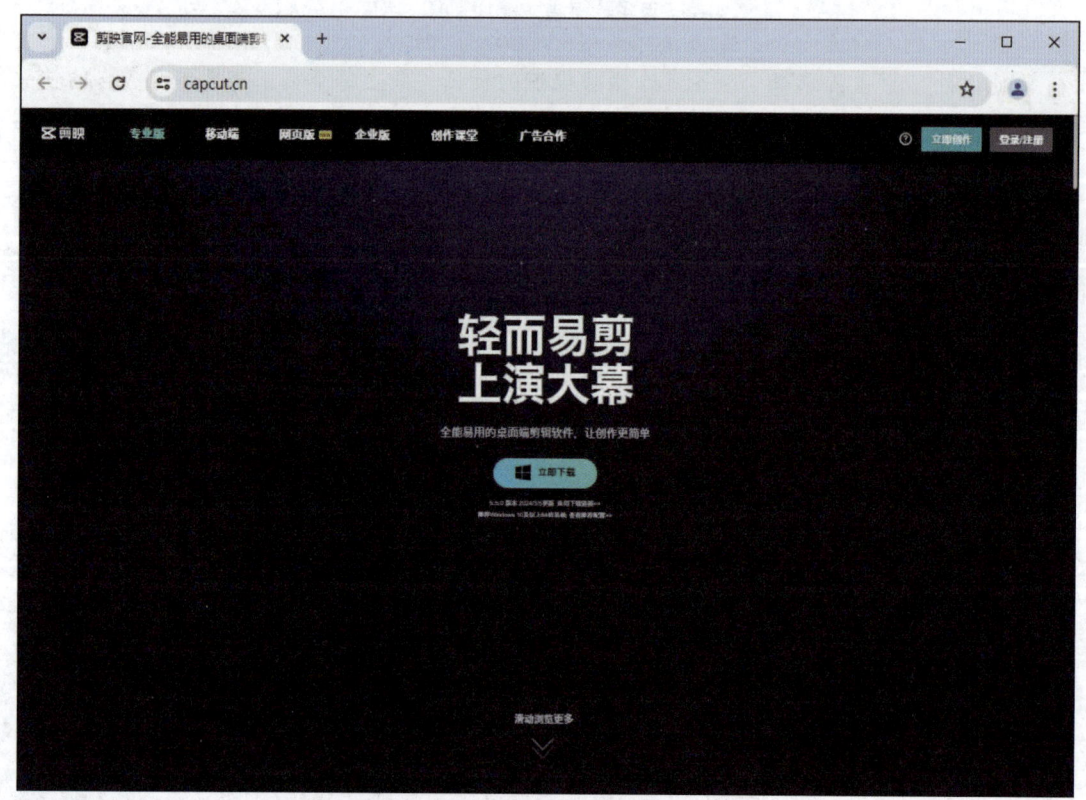

图4-3　下载剪映专业版

安装完成后,双击打开电脑桌面的剪映专业版图标,启动软件,进入编辑界面,如图4-4所示。

图4-4 启动剪映专业版

打开软件之后，就会进入启动界面，单击"开始创作"，进入编辑界面，如图4-5所示。

图4-5 开始创作

二、操作界面

剪映电脑专业版的操作界面一共由三部分所构成，如图4-6所示。

第一部分（左上角）：此部分主要是进行音频视频素材之间的切换、添加文本、贴纸、特效、转场等操作，单击任意一个选项就会切换到对应的操作区域。

第二部分（最下面）：此部分可以对当前素材进行分割、向左裁剪、向右裁剪、定格、缩放、旋转、删除、镜像等操作。

第三部分（右上角）：此部分主要是对第一部分中所选择的效果进行参数调整，以获得更好的视觉效果。

三、基本功能

1. 导入视频

视频媒体可以从本地导入，此时需要下载好想要导入的视频，单击导入，然后在电脑中找到文件位置，把视频素材导入，如图4-7所示。

图 4-6 操作界面构成

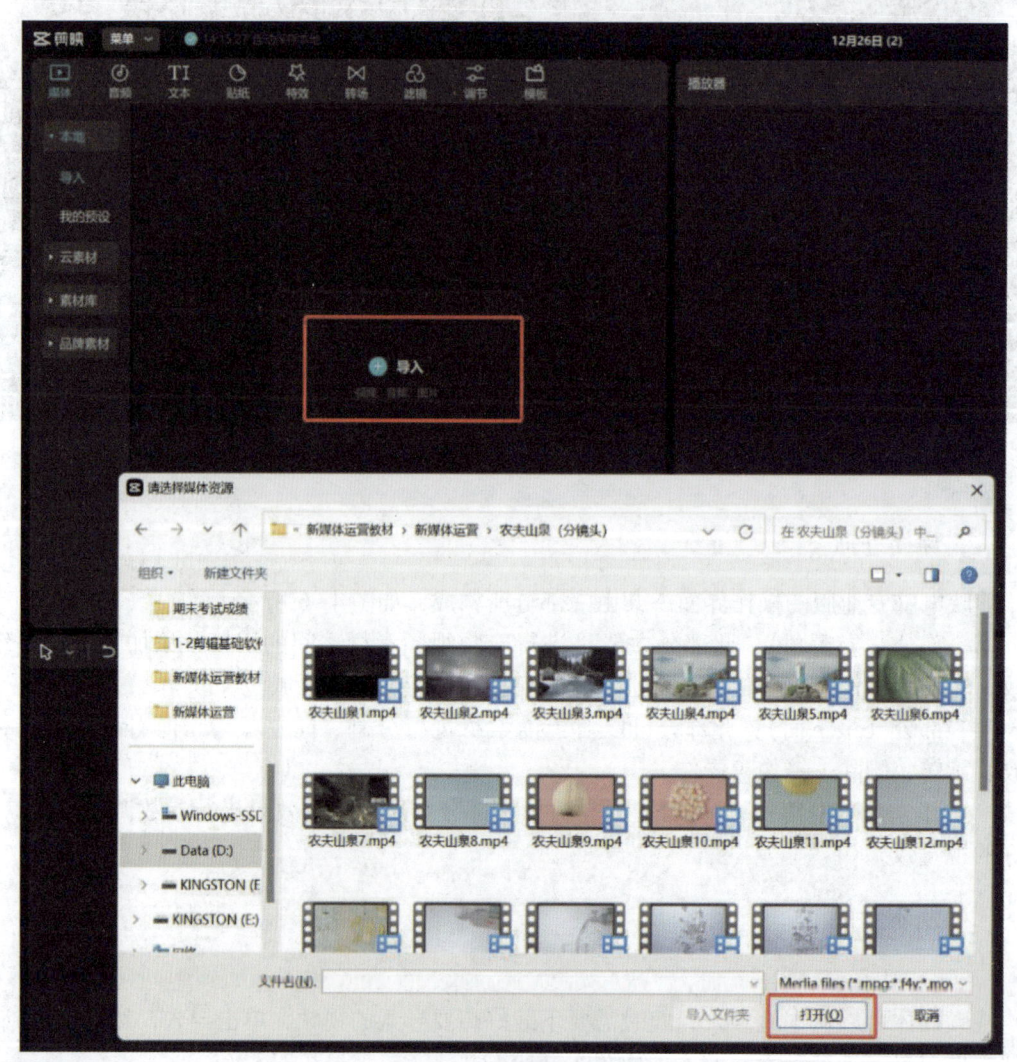

图 4-7 本地导入视频

视频媒体可以从云素材中导入，如图4-8所示。

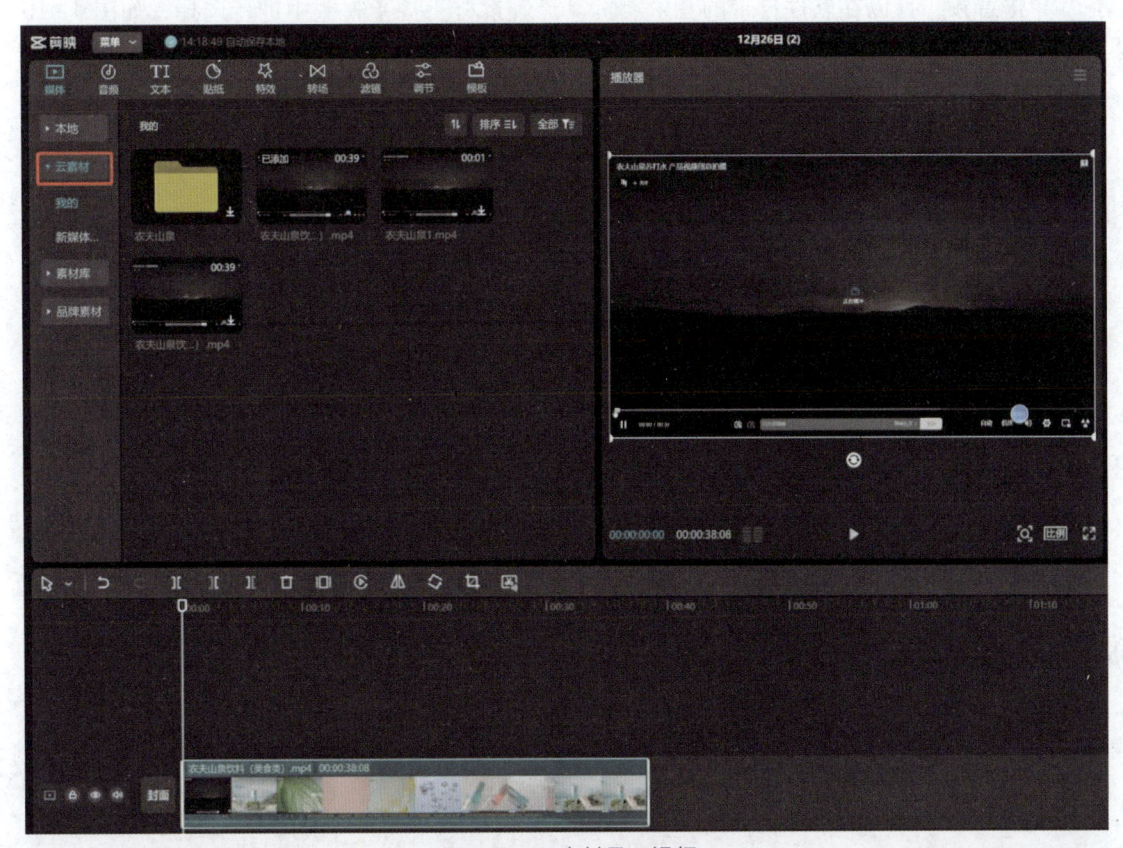

图4-8 云素材导入视频

视频媒体可以从素材库中导入，如图4-9所示。

图4-9 素材库导入视频

2. 导入音频

单击音频,可以在软件自带的音乐素材、音效素材、抖音收藏中进行选择,如图 4-10 所示。

图 4-10　软件自带素材导入音频

音频的添加方法还有从本地导入。首先,在 QQ 音乐、酷狗音乐等相关软件或网络上下载自己想要的音频素材,下载成功之后,在音频提取中单击导入,找到自己下载的音乐,然后把音频文件拖拽到剪映软件中,如图 4-11 所示。

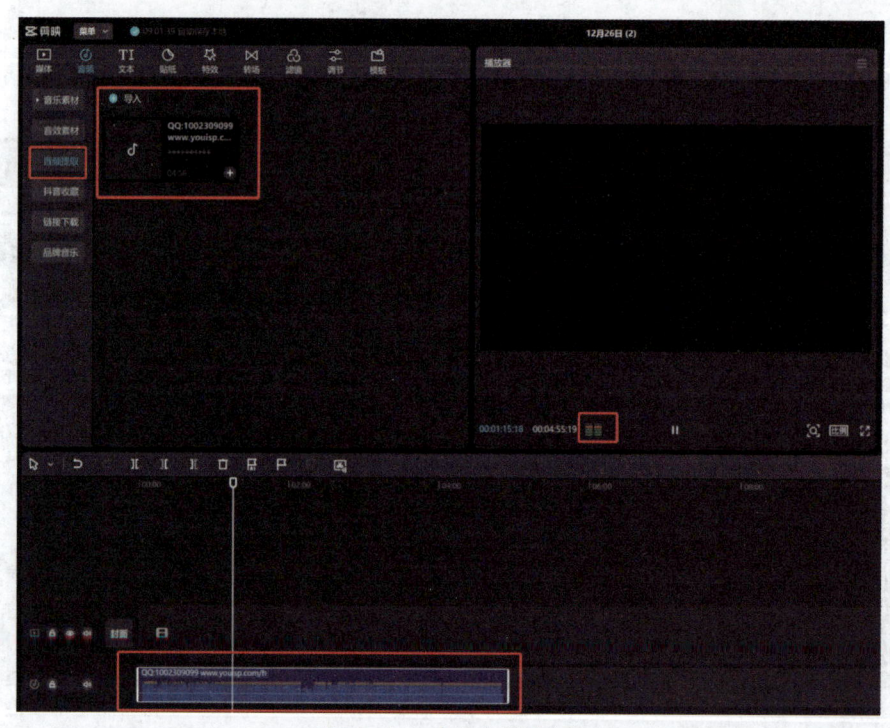

图 4-11　本地音频导入

针对节拍感强的音乐，把音乐的节拍和视频的切换踩到一个点上，可以做到相得益彰。剪映电脑专业版提供了两种踩点方法：一种是手动踩点；另一种是 AI 自动踩点。手动踩点需要视频剪辑者听着音乐的节拍自己踩点，有一定的难度；自动踩点仅针对音乐素材里的"卡点"类音乐。

下面先介绍手动踩点，选中要踩点的音乐素材，需要踩点时单击手动踩点选项，踩点之后，在当前时间指针停留在的音频位置处留下一个黄色的标记点，后期视频的转场和衔接就以此点作为参考点，如图 4-12 所示。

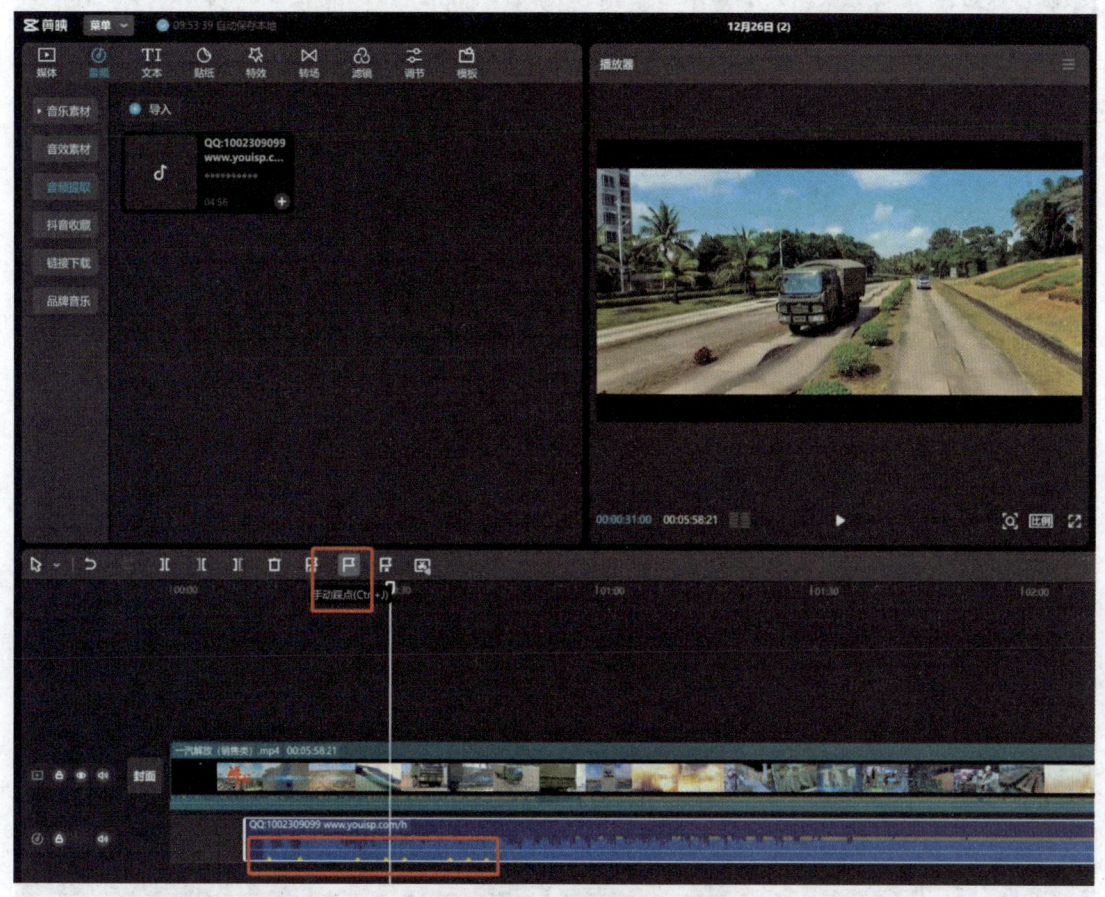

图 4-12　手动踩点

想要删除踩好的点，选中已经踩好点的音频，拖动时间指针到想要删去的点，这个点就会变大，此时删除即可。带减号的小旗子是仅删除某个选中的点，有×号的小旗子是删除当前所选音频的所有点，如图 4-13 所示。

下面介绍自动踩点，选择音乐素材中的卡点类音乐，拖入时间轴，选中次音乐，单击"AI 角标"的小旗子，即可自动踩点，值得注意的是，自动踩点仅针对音乐素材里的"卡点"类音乐，如图 4-14 所示。

3. 编辑文本

剪映电脑专业版提供了和手机端一样丰富的花字和文字模板，如图 4-15 所示。

也具有自动识别字幕功能，如图 4-16 所示。

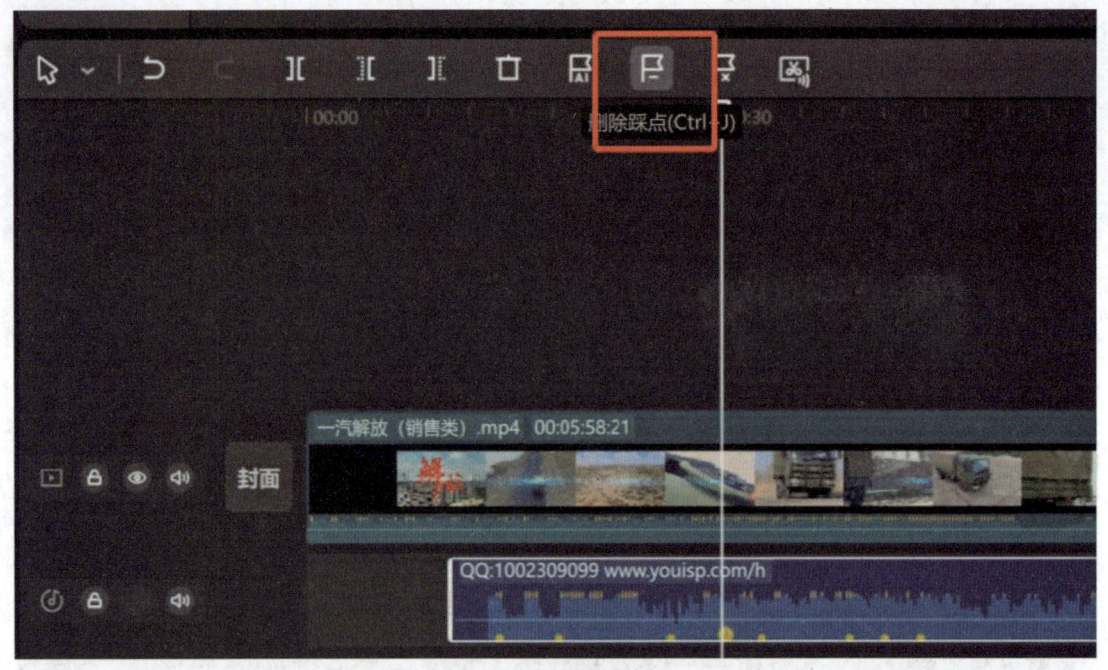

图 4-13 删除踩点

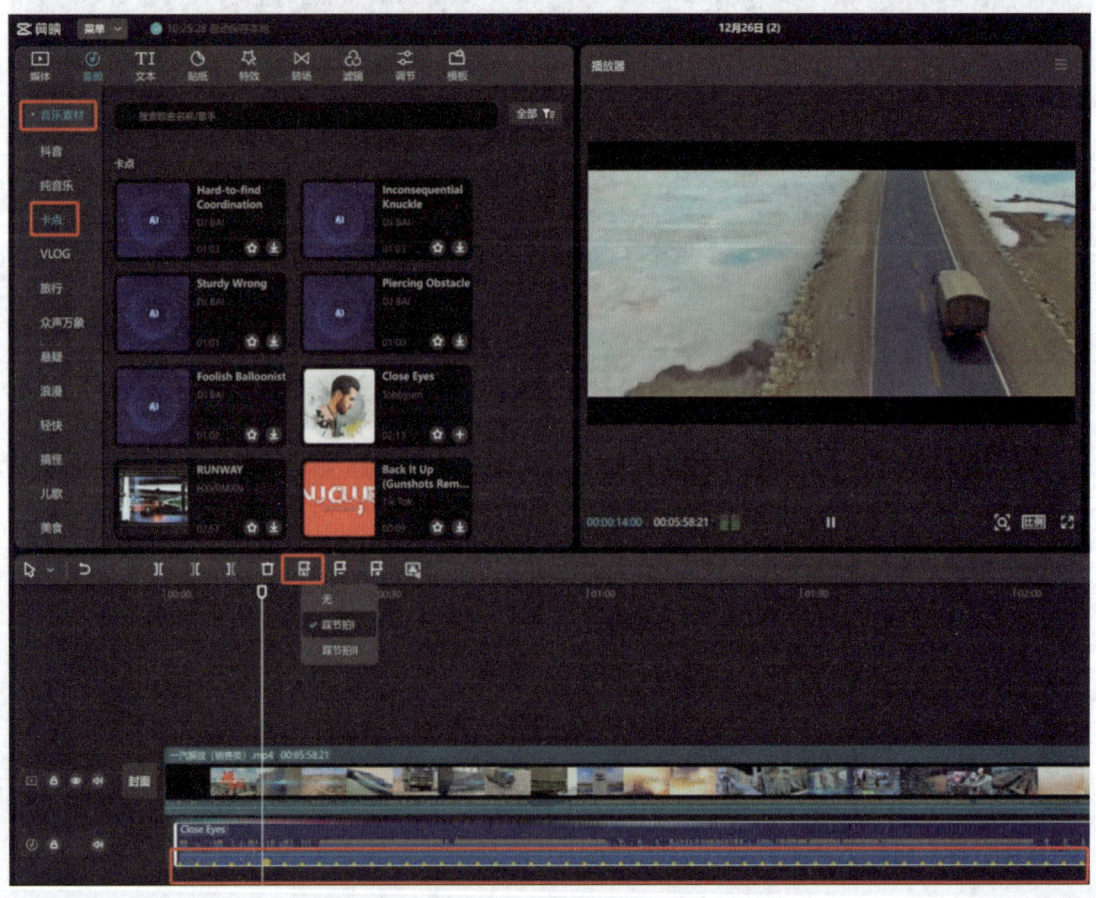

图 4-14 自动踩点

项目四 新媒体视频制作

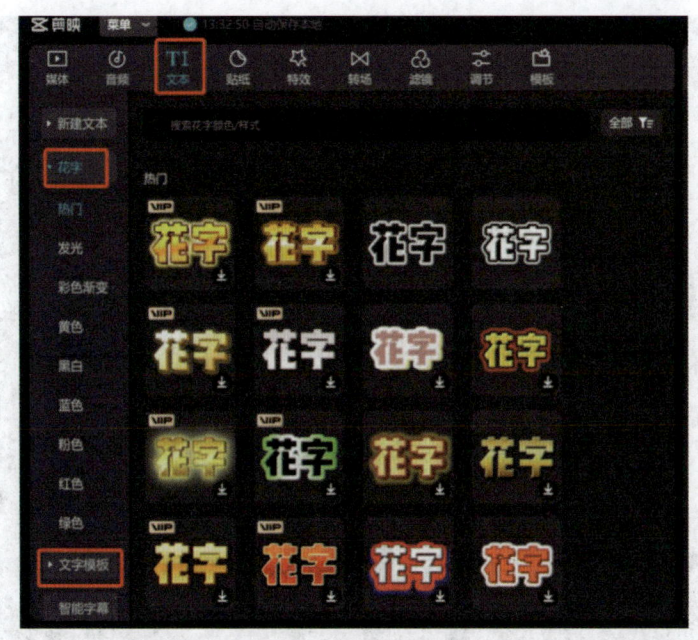

图 4-15 花字和文字模板

图 4-16 智能字幕

还可以识别国语歌自动添加字幕，如图 4-17 所示。

下面详细介绍如何添加文本，单击文本选项，选择新建文本，挑选适合视频的字体样式，此时文本就会出现在播放器中央，以供预览，在播放器右端的"文本"选项的文本框中输入文字，可以选择字体、颜色填充、调整文本不透明度等，如图 4-18 所示。

添加贴纸、特效的方法和添加文本的方法基本类似。

4. 转场

转场效果添加之前需要把两个视频素材"吸附"在一起，然后选择"转场"效果，拖

图 4-17 识别歌词

图 4-18 添加文本

拖选择的转场效果到时间轴上两个视频连接的部分，即可完成转场效果的添加。转场的时间可以通过右上角的效果控制栏进行调整。如果想要删除转场，先选中此转场，然后右键单击删除即可，如图 4-19 所示。

项目四 新媒体视频制作

图4-19 添加转场

如何实现两个视频素材"吸附"在一起，这就是剪映电脑专业版中的自动吸附功能。自动吸附功能就是使两个不同的音频或视频像磁铁一样吸附在一起，中间没有间隙。如果不需要此功能，再次单击自动吸附功能，即可关闭，如图4-20所示。

图4-20 自动吸附功能

5. 操作时间轴

时间轴上方的控件大都是对所选素材进行简单编辑，素材种类不同，对应的编辑方式也不相同，下面介绍一下视频素材的编辑方式，其他种类素材也基本类似，视频素材编辑时界面如图4-21所示，从左到右依次是：向后一步操作、向前一步操作、分割、向左裁剪、向右裁剪、删除、定格、倒放、镜像、旋转、裁剪、智能剪口播、录音、主轨磁吸、自动吸附、打开联动、打开预览轴、时间轴相对长度，如图4-21所示。

图4-21 时间轴上方的控件

①向后一步操作：撤销当前操作，回到上一步骤。
②向前一步操作：只有执行向后一步操作之后，才能向前一步，返回到最新的操作。
③分割：在时间指针停留处将素材分割，自动选中前一段素材。

④向左裁剪：在时间指针停留处将左侧素材内容进行裁剪。

⑤向右裁剪：在时间指针停留处将右侧素材内容进行裁剪。

⑥删除：删除所选择的素材。

⑦定格：在执行"分割"操作之后，将前一个素材的最后一帧（也就是最后一个画面）延长一段时间，成为静止画面。

⑧倒放：把选中的素材执行倒放，这个过程可能会占用较多的电脑内存，电脑可能会卡。

⑨镜像：对选择的素材画面执行镜面对称操作。

⑩旋转：把选中的素材画面顺时针旋转90°。

⑪裁剪：裁剪所选素材画面。

⑫智能剪口播：主要针对视频和音频，在剪辑的素材中一定要有语音，此功能会自动识别停顿、语气词、重复等错误片段，然后对口播素材进行智能剪辑。

⑬录音：如果需要录音功能，选择即可。

⑭主轨磁吸：主轨就是轨道前有"封面"两个字的那一条轨道，该轨道是不可以删除的，其他的轨道叫辅助轨道，可删除。此功能就是使两个素材的接头处自动吸附在一起，实现自动无缝连接。

⑮自动吸附：可以将两个不同的音频或视频吸附在一起。

⑯打开联动：关闭此功能，就可以实现添加的文字字幕不跟着视频素材进行移动。

⑰打开预览轴：打开此功能，可以把停留的位置画面显示到播放器上来。

⑱时间轴相对长度：如果视频素材过长，一直拖拽时间轴不方便，减小时间轴的相对长度会把素材的相对长度变短。当然，如果素材太短不便于编辑，可以适当调大时间轴相对长度。

6. 调整视频效果

要对视频素材的效果进行调整，首先要在时间轴上选中要更改的素材，然后对想要的效果进行参数调整。视频调整包括：画面、音频、变速、动画、调节及 AI 特效 6 部分内容，如图 4-22 所示。

图 4-22 视频参数调整

"画面"选项，主要针对播放器中的画面进行简单的修改，此区域有基础、抠像、蒙版、美颜美体等四部分，可以根据需要进行参数的调整，如图 4-23 所示。

"音频"选项，主要针对选中视频素材所自带的原声音频，音频中包括基础和声音效果两部分，可以根据需要进行音频的基础调整，选择不同的音频效果，如图 4-24 所示。

项目四 新媒体视频制作

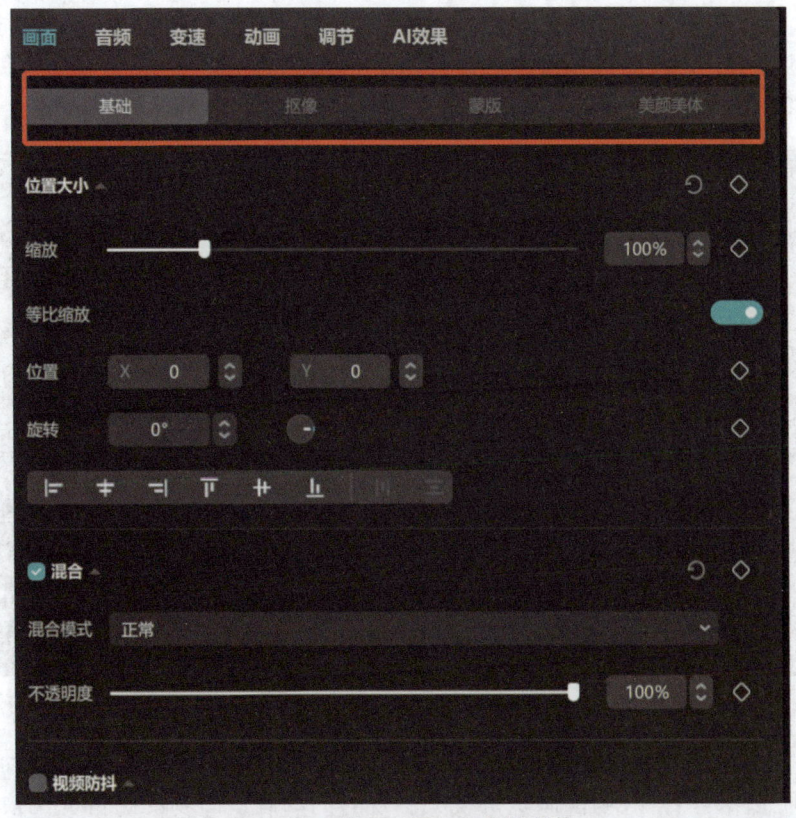

图 4-23 视频"画面"参数调整

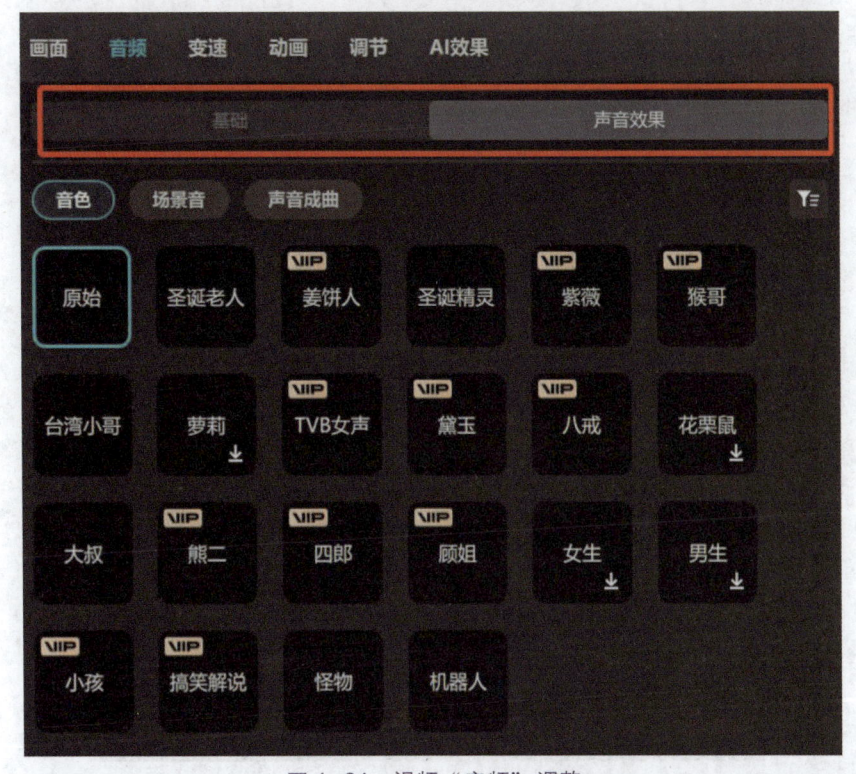

图 4-24 视频"音频"调整

"变速"选项,主要调整选中视频素材的播放速度,调整视频播放速率的时候要注意参数的取舍,否则会出现视频掉帧现象,导致动作不连贯,此选项包括常规变速和曲线变速两种,如图4-25所示。

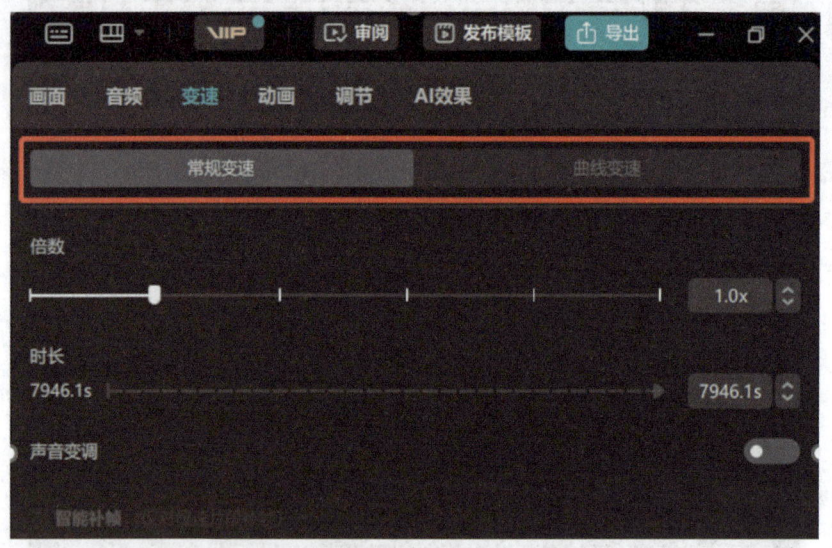

图4-25 视频"变速"调整

"动画"选项,主要解决单个视频出现和消失的突兀感,此选项包括入场动画、出场动画和组合动画三种类型,入场动画负责视频出现时的动画,出场动画负责视频消失时的动画,组合动画则兼顾前两者。动画和转场比较相似,如图4-26所示。

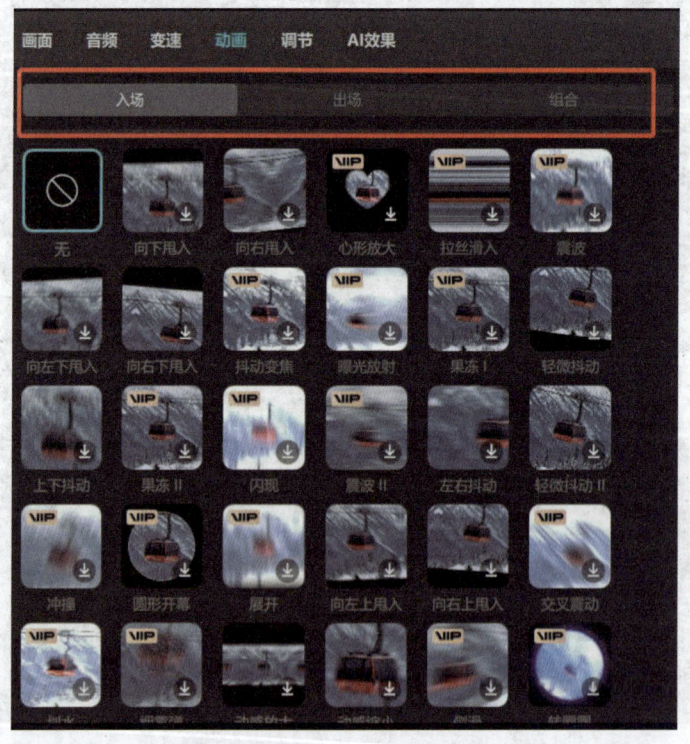

图4-26 视频"动画"调整

"调节"选项，视频是由不同照片按照顺序依次播放后的产物，所以通过此选项，可以调节视频的色调、饱和度、对比度等参数，此选项包括基础、HSL、曲线和色轮四种调节方式，如图 4-27 所示。

图 4-27 视频"调节"选项

"AI 特效"选项，目前主要针对 VIP 客户，如图 4-28 所示。

图 4-28 视频"AI 特效"选项

四、成片导出

成片导出主要有三种方式，如图4-29所示：

图4-29 成片导出的三种方式

①单击窗口左上角的菜单"文件—导出"；
②单击窗口右上角的"导出"按钮进行导出；
③使用快捷键"Ctrl + E"导出文件（快捷键可以在窗口右上方的"快捷键"选项中查看）。

导出时按照需要选择文件导出位置，调整属性即可，如图4-30所示。

图4-30 文件导出位置选择及属性调整

项目四　新媒体视频制作

剪映在每一次更改操作时自动保存工程文件，并且在关闭剪映时自动保存最新的工程文件，用户可以在下一次打开剪映时直接点击草稿文件继续编辑，如图4-31所示。

图4-31　文件保存

【边学边练】

以小组为单位，拍摄视频素材，利用剪映电脑专业版将其剪辑成指定时长的视频，利用时间轴上方的控件对视频素材进行简单编辑，并在视频中添加字幕或文字内容。

参考视频：

农夫山泉苏打水广告　　　　　一汽解放汽车宣传片　　　　　千岛湖旅游宣传片

【知识准备】

一、剪映App

剪映App是一款功能非常全面的手机剪辑软件，能够帮助用户在手机上完成短视频剪辑。本节主要介绍剪映App的工作界面和视频的简单处理技巧，帮助用户熟悉剪映App，为用户后续的学习奠定良好的基础。

115

1. 了解剪映 App 的工作界面

在手机屏幕上点击"剪映"图标,打开剪映 App,进入剪映 App 的主界面,点击"开始创作"按钮,如图 4-32 所示。

进入"照片视频"界面,从中选择相应的照片或视频素材,点击"添加"按钮,即可成功导入相应的照片或视频素材,并进入编辑界面,其界面组成如图 4-33 所示,分别为预览区域、时间线区域、工具栏区域。

图 4-32 打开剪映 App

图 4-33 剪映 App 的工作界面组成

在预览区域左下角的时间,分别表示当前时长和视频的总时长。点击预览区域右下角的按钮,可全屏预览视频效果,如图 4-34 所示。

用户在进行视频编辑操作后,通过点击预览区域右下角的撤回按钮,即可撤回上一步的操作。

2. 快速导入视频素材

在了解了剪映 App 的工作界面后,就可以学习如何导入视频素材。在时间线区域的视频轨道上,点击右侧的"+"按钮,进入"照片视频"界面,从中选择相应的照片或视频素材,点击"添加"按钮,即可在时间线区域的视频轨道上添加一个新的视频素材,如图 4-35 所示。

图4-34 全屏预览视频效果

图4-35 导入视频素材

除了以上导入视频素材的方法，用户还可以点击"开始创作"按钮，进入"照片视频"界面，点击"素材库"按钮。在进入该界面后，可以看到素材库内置了丰富的素材，通过滑动屏幕，可以看到各种类型的素材，如图 4-36 所示。

3. 掌握缩放轨道的方法

在时间线区域中有一条白色的垂直线条，叫作时间轴，上面为时间刻度，我们可以在时间线上任意滑动来查看导入的视频。在时间线上可以看到视频轨道和音频轨道，如图 4-37 所示。此外，通过双指在视频轨道上捏合或者滑动，可以缩放时间线。

图 4-36　素材库

图 4-37　时间线

4. 对视频进行倒放处理

下面介绍使用剪映 App 对视频进行倒放处理的操作方法。在剪映 App 中导入一段视频素材，并添加到视频轨道，在"剪辑"二级工具栏中点击"倒放"按钮，系统会对视频进行倒放处理，并显示处理进度，如图 4-38 所示。

5. 对视频进行旋转或者镜像处理

在剪映 App 中导入一段视频素材，选择视频轨道，点击"编辑"按钮，然后点击"旋转"按钮，对视频进行旋转处理，如图 4-39 所示。

点击"镜像"按钮，即可对视频进行镜像处理，如图 4-40 所示。

6. 快速替换短视频素材

在剪映 App 中导入两段视频素材，在时间线区域中选择要替换的视频片段，点击"替换"按钮，如图 4-41 所示。

进入"照片视频"界面，点击"素材库"按钮，在"片头"选项区中选择合适的动画素材，执行操作后，可以预览动画素材的效果，点击"确认"按钮，即可完成替换，如图 4-42 所示。

图 4-38 倒放视频

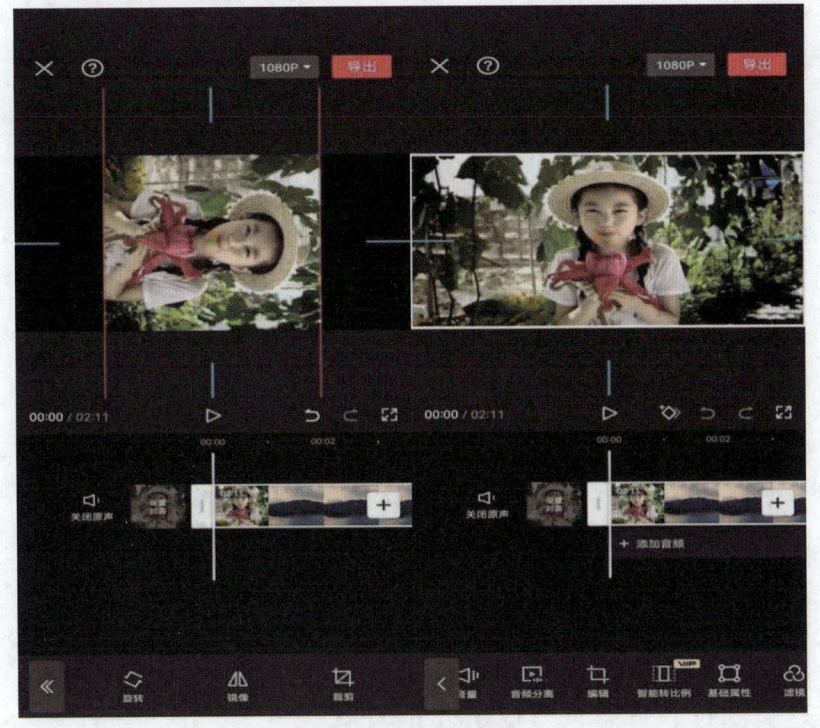

图 4-39 旋转视频

图 4-40　镜像视频

图 4-41　替换素材按钮

图 4-42　替换素材

二、视频剪辑

1. 视频的基本剪辑方法

打开剪映 App，在主界面中点击"开始创作"按钮，进入"照片视频"界面，选择合适的视频素材之后，再点击"添加"按钮，即可打开该视频素材，点击"剪辑"按钮，即可进入视频剪辑界面，如图 4-43 所示。

图 4-43　视频剪辑界面

移动时间轴至视频 2 秒的位置，点击"分割"按钮，即可分割视频，再次移动时间轴至 5 秒的位置，再次点击"分割"按钮，如图 4-44 所示。

选择任意一段视频素材，点击"删除"按钮，即可删除所选的视频片段。此外，在剪辑菜单中点击"编辑"按钮，还可以对视频进行编辑处理，在剪辑界面点击"复制"按钮，可以快速复制选择的视频片段。

2. 对视频进行变速处理

在剪映 App 中导入一段视频素材，选中视频轨道，点击"变速"按钮，如图 4-45 所示。

在弹出的界面中点击"常规变速"按钮，如图 4-46 所示。

在"变速"界面中向右拖曳红色圆环至数值"3.0x"，如图 4-47 所示，可对视频进行 3 倍变速处理。

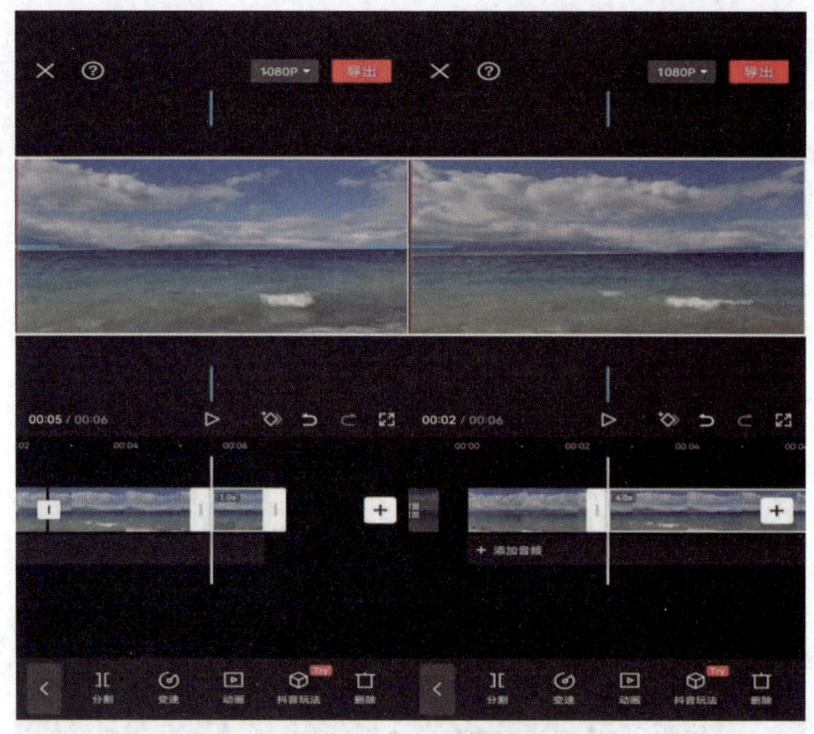

图 4-44 分割视频

图 4-45 视频变速

图 4-46 常规变速

图 4-47 变速比例

3. 制作拍照定格的效果

在剪映 App 中导入一段视频素材，点击底部的"剪辑"按钮，进入剪辑编辑界面，拖曳时间轴至需要定格的位置，在"剪辑"二级工具栏中点击"定格"按钮，如图 4-48 所示。

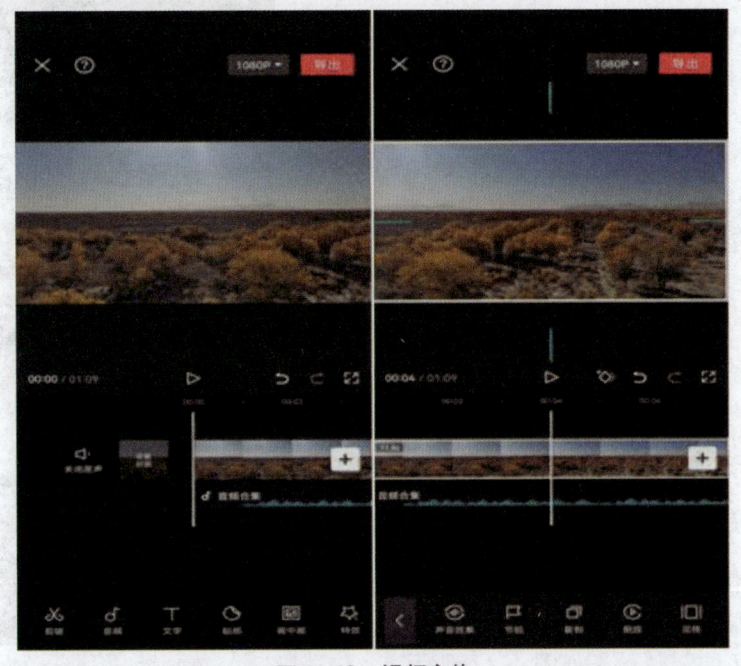

图 4-48 视频定格

执行上一步的"定格"操作后，即可自动分割出所选的定格画面，该片段将持续 3 秒，如图 4-49 所示。

点击"<"按钮，返回一级工具栏，依次点击"音频"和"音效"两个按钮，进入相应界面，依次点击"机械""打字声""使用"按钮，如图 4-50 所示。

图 4-49　视频定格效果

图 4-50　添加音效

通过执行上一步的操作，就可以添加一个打字音效，将音效轨道调整至合适的位置，效果如图 4-51 所示。

通过点击"<"按钮，返回主界面，依次点击"特效"和"画面特效"两个按钮，进入相应界面，在"热门"特效选项卡中选择"泡泡变焦"特效，如图 4-52 所示。

点击"√"按钮，即可为视频添加一个"泡泡变焦"特效，如图 4-53 所示。

点击"调整参数"按钮，将"速度"设置为 32，如图 4-54 所示。

4. 添加视频特效丰富画面

在剪映 App 中导入一段视频素材，依次点击"特效"按钮和"画面特效"按钮，可以看到有很多特效选项卡，例如热门、新年、基础、氛围等。点击"基础"按钮，可以看到里面又有很多特效，选择"镜像"特效，如图 4-55 所示。

图 4-51　添加音效效果

项目四 新媒体视频制作

图 4-52　画面特效

图 4-53　特效效果

图 4-54　调节特效参数

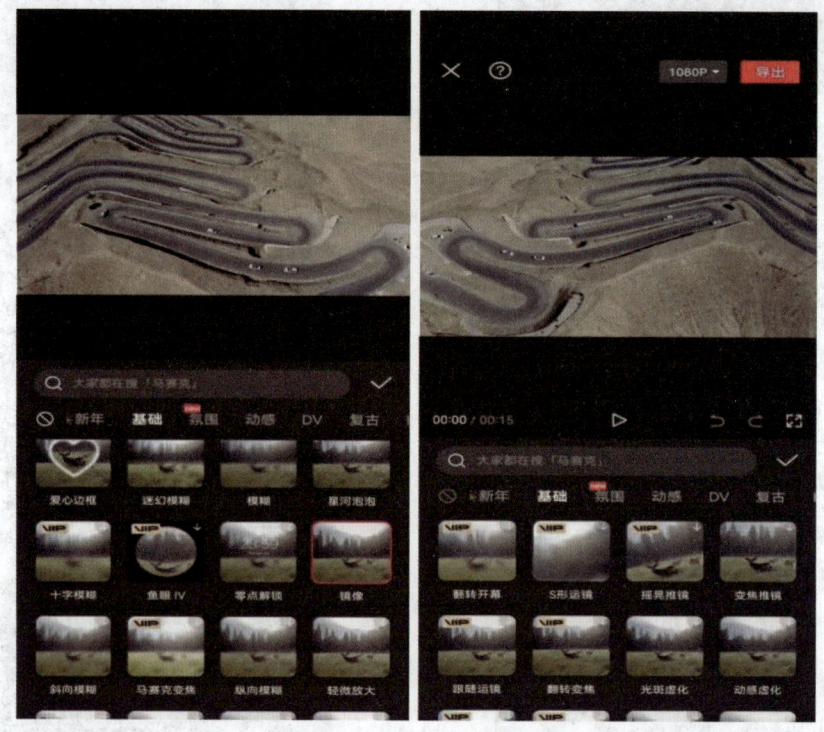

图 4-55 视频特效

点击"√"按钮后，通过拖拽特效轨道右侧的白色拉杆，就可以适当调整特效时长，如图 4-56 所示。

5. 使用绿幕抠像视频素材

在剪映 App 中导入一段视频素材，点击"画中画"按钮，再点击"新增画中画"按钮，如图 4-57 所示。

进入"照片视频"界面，切换至"素材库"选项卡，找到"绿幕素材"选项区，选择带恐龙的绿幕素材，点击"添加"按钮，如图 4-58 所示。

执行上述操作后，即可将素材添加到画中画轨道，在预览区域可调整画面大小，使其占满屏幕，依次点击工具栏中的"抠像""色度抠图"按钮，如图 4-59 所示。

进入"色度抠图"界面，预览区域会出现一个取色器，将取色器拖曳至需要抠除颜色的地方，选择"强度"选项，拖曳滑块，将参数设置为 80，选择"阴影"选项，拖曳滑块，将参数设置为 20，如图 4-60 所示。

图 4-56 调节特效时长

图 4-57　画中画

图 4-58　绿幕素材

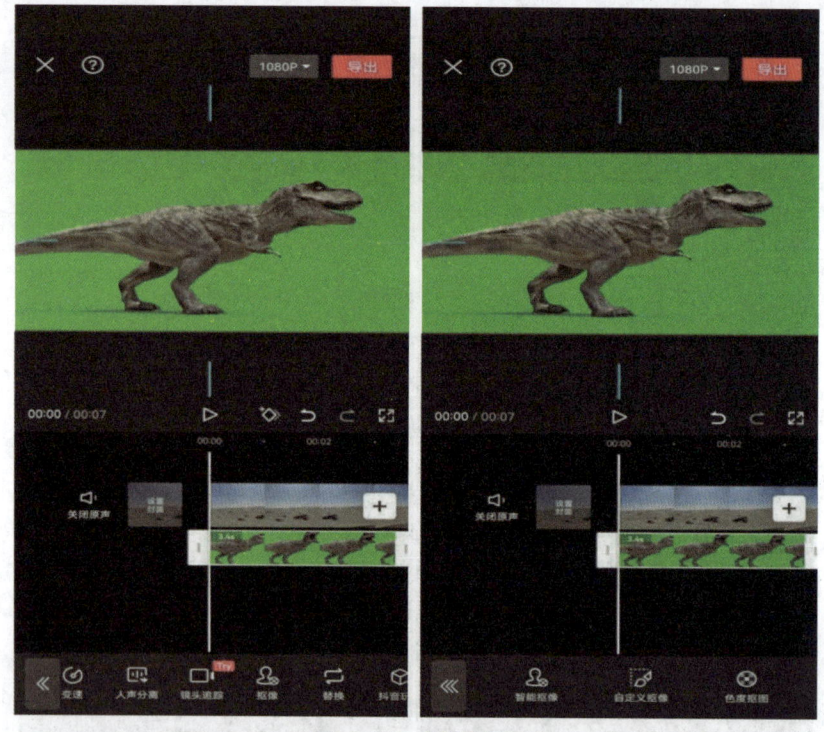

图 4-59　色度抠图

图 4-60　调节色度抠图参数

6. 使用关键帧制作对象移动效果

在剪映 App 中导入一段视频素材，点击"画中画"按钮，再点击"新增画中画"按钮，如图 4-61 所示。

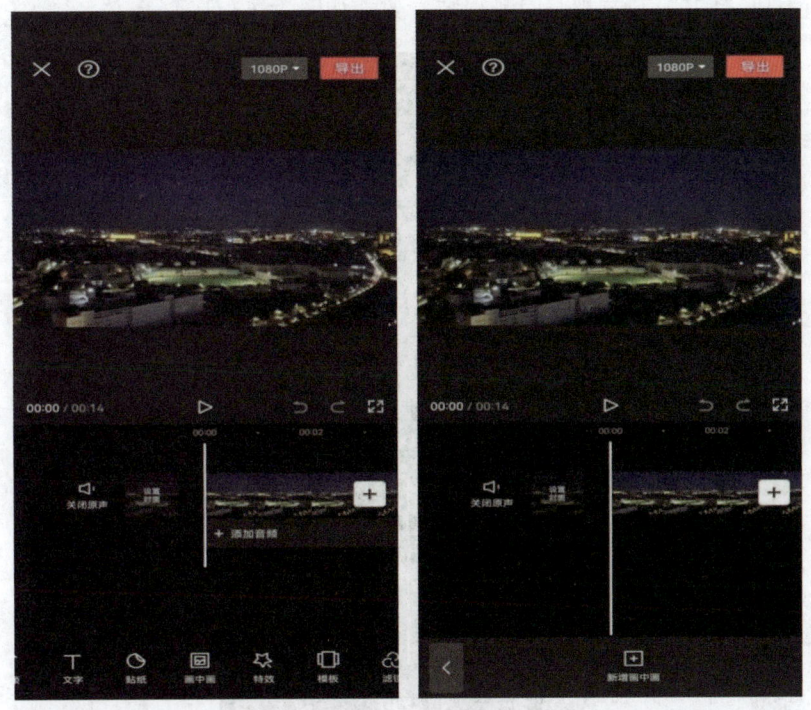

图 4-61　新增画中画

进入"照片视频"界面，添加一段素材，点击下方工具栏中的"混合模式"按钮，在混合模式菜单中选择合适的效果，如图 4-62 所示。

图 4-62　混合模式

点击"√"按钮应用混合模式，调整素材大小，将素材移动至合适位置，并拖拽素材右侧的白色拉杆，使其时长与视频时长保持一致，如图4-63所示。

图 4-63　调整素材

拖拽时间轴到视频的起始位置，点击左上角带加号的菱形按钮，视频轨道上会显示一个红色的菱形标志，代表已成功添加一个关键帧，如图4-64所示。

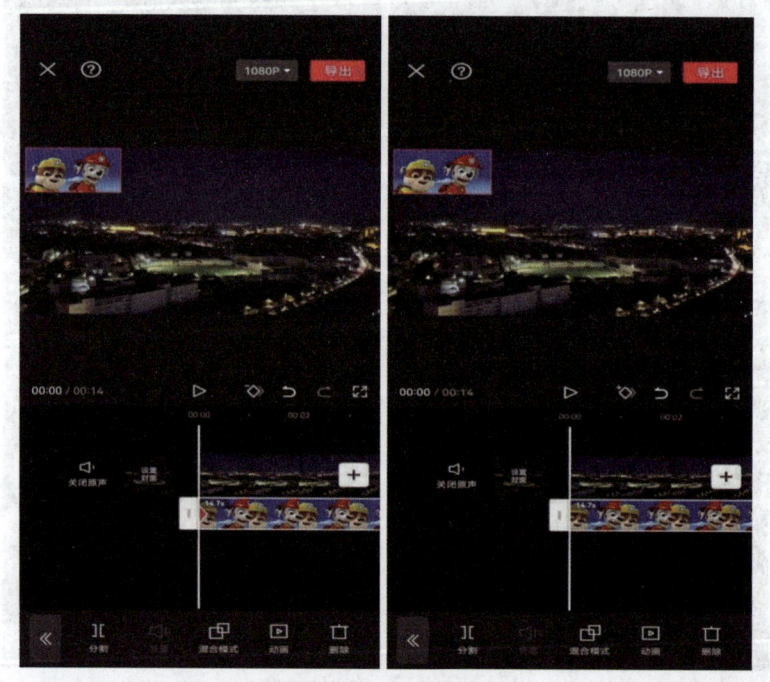

图 4-64　添加关键帧

通过拖拽时间轴，可以对素材的大小和位置进行任意改变，新的关键帧将自动生成，重复多次操作，制作出来的素材效果，如图 4-65 所示。

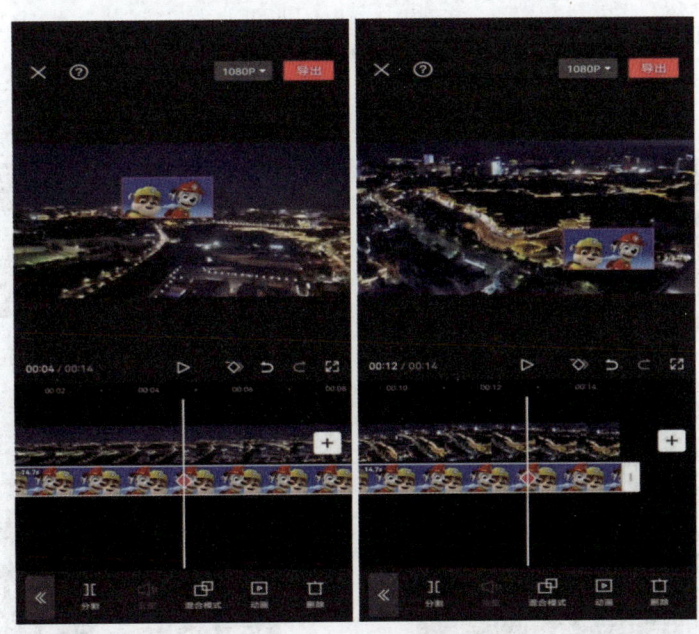

图 4-65　素材效果

三、调整色彩

1. 运用透亮滤镜使画面更鲜亮

在剪映 App 中导入一段视频素材，点击工具栏中的"滤镜"按钮则可进入"滤镜"编辑界面，点击"精选"滤镜选项卡，选择"透亮"滤镜效果，如图 4-66 所示。

图 4-66　滤镜效果

点击"√"按钮后，此时时间线区域将会生成一条滤镜轨道，拖曳滤镜轨道右侧的白色拉杆，可以调整其持续时间与视频时长保持一致，如图4-67所示。

点击"《"按钮，点击"新增调节"按钮，则可进入"调节"编辑界面，依次点击"亮度""对比度""饱和度""光感"选项，拖拽白色圆环滑块，可对参数进行调节，如图4-68所示。

图4-67　调整滤镜轨道

图4-68　调节参数

2. 运用风景滤镜使画面更清新

在剪映App中导入一段视频素材，点击工具栏中的"滤镜"按钮则可进入"滤镜"编辑界面，点击"风景"滤镜选项卡，选择"绿妍"滤镜效果，如图4-69所示。

点击"√"按钮后，此时时间线区域将会生成一条滤镜轨道，拖曳滤镜轨道右侧的白色拉杆，可以调整其持续时间与视频时长保持一致，如图4-70所示。

点击"《"按钮，再点击"新增调节"按钮，则可进入"调节"编辑界面，依次点击"亮度""对比度""饱和度""光感"选项，拖拽白色圆环滑块，可对参数进行调节，如图4-71所示。

3. 运用美食滤镜使画面更诱人

在剪映App中导入一段素材，点击工具栏中的"滤镜"按钮则可进入"滤镜"编辑界面，点击"美食"滤镜选项卡，选择"晚宴"滤镜效果，如图4-72所示。

点击"√"按钮后，此时时间线区域将会生成一条滤镜轨道，拖曳滤镜轨道右侧的白色拉杆，可以调整其持续时间与视频时长保持一致，如图4-73所示。

图 4-69 滤镜效果

图 4-70 调整滤镜轨道

图 4-71 调节参数

图 4-72 滤镜效果

点击"《"按钮，点击"新增调节"按钮，则可进入"调节"编辑界面，依次点击"亮度""对比度""饱和度""光感"选项，拖拽白色圆环滑块，可对参数进行调节，如图 4-74 所示。

图 4-73 调整滤镜轨道　　　　　　　　图 4-74 调节参数

4. 运用复古胶片滤镜使画面更浓烈

在剪映 App 中导入一段视频素材，点击工具栏中的"滤镜"按钮则可进入"滤镜"编辑界面，点击"复古胶片"滤镜选项卡，选择"旧时代 I"滤镜效果，如图 4-75 所示。

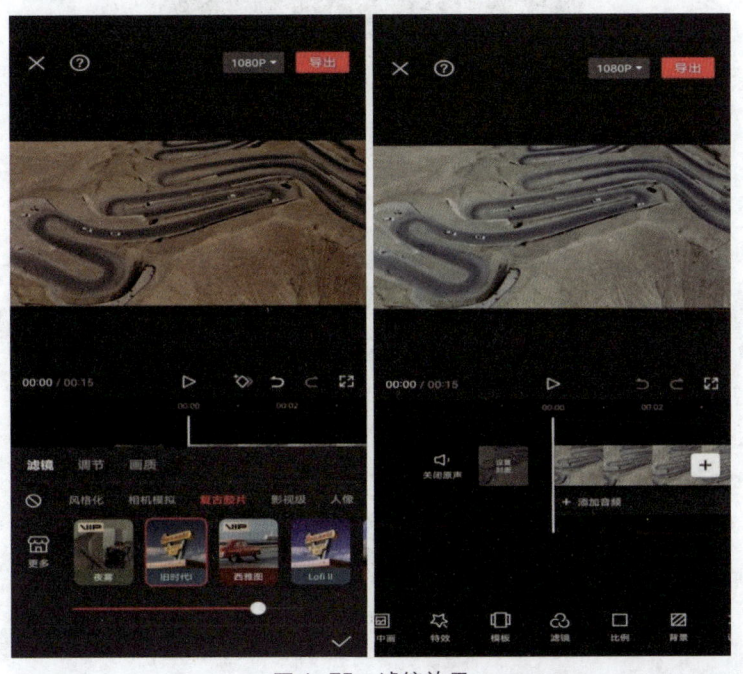

图 4-75　滤镜效果

点击"√"按钮后，此时时间线区域将会生成一条滤镜轨道，拖曳滤镜轨道右侧的白色拉杆，可以调整其持续时间与视频时长保持一致，如图 4-76 所示。

点击"《"按钮，点击"新增调节"按钮，则可进入"调节"编辑界面，依次点击"亮度""对比度""饱和度""光感"选项，拖拽白色圆环滑块，可对参数进行调节，如图 4-77 所示。

5. 运用电影滤镜使画面更经典

在剪映 App 中导入一段视频素材，点击工具栏中的"滤镜"按钮则可进入"滤镜"编辑界面，点击"影视级"滤镜选项卡，选择"即刻春光"滤镜效果，如图 4-78 所示。

点击"√"按钮后，此时时间线区域将会生成一条滤镜轨道，拖曳滤镜轨道右侧的白色拉杆，可以调整其持续时间与视频时长保持一致，如图 4-79 所示。

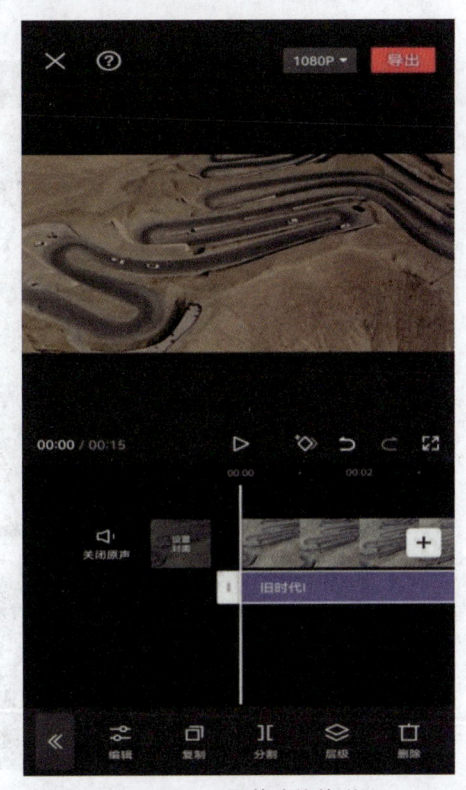

图 4-76　调整滤镜轨道

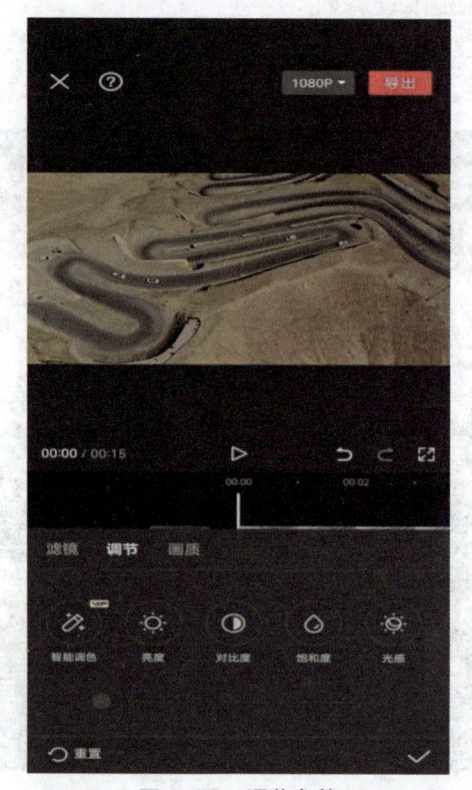

图 4-77　调节参数

图 4-78　滤镜效果

点击"《"按钮，点击"新增调节"按钮，则可进入"调节"编辑界面，依次点击"亮度""对比度""饱和度""光感"选项，拖拽白色圆环滑块，可对参数进行调节，如图 4-80 所示。

图 4-79　调整滤镜轨道

图 4-80　调节参数

四、文字效果

1. 在视频中添加文字内容

在剪映 App 中导入一段素材，点击"文字"按钮，即可进入文字编辑界面，点击"新建文本"按钮，如图 4-81 所示。

在文本框中输入文字内容后，可在预览区域中调整文字的大小、位置，如图 4-82 所示。

双击预览区域中的文字，在"样式"选项卡中设置合适的字体和样式，点击"√"按钮确认，如图 4-83 所示。

2. 为素材添加花字效果

在剪映 App 中导入一段图片素材，通过拖曳时间轴至需要添加字幕的位置，然后点击"文字"按钮，进入文字编辑界面，点击"新建文本"按钮，如图 4-84 所示。

输入文字内容后，点击"花字"选项卡，选择一个喜欢的花字样式，可以适当调整文字的大小和位置，并调整字幕轨道的长度，如图 4-85 所示。

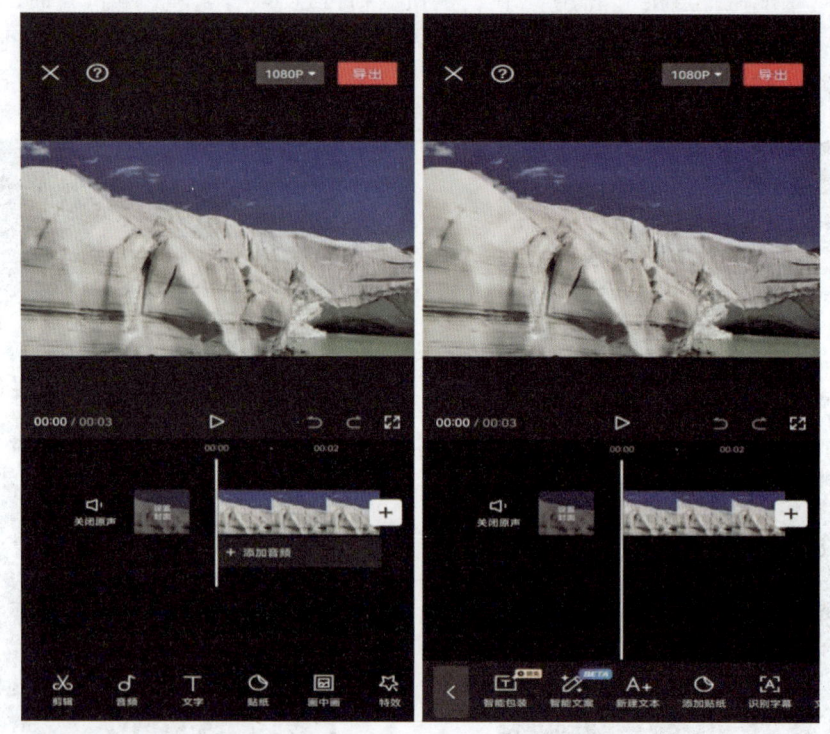

图 4-81 新建文本

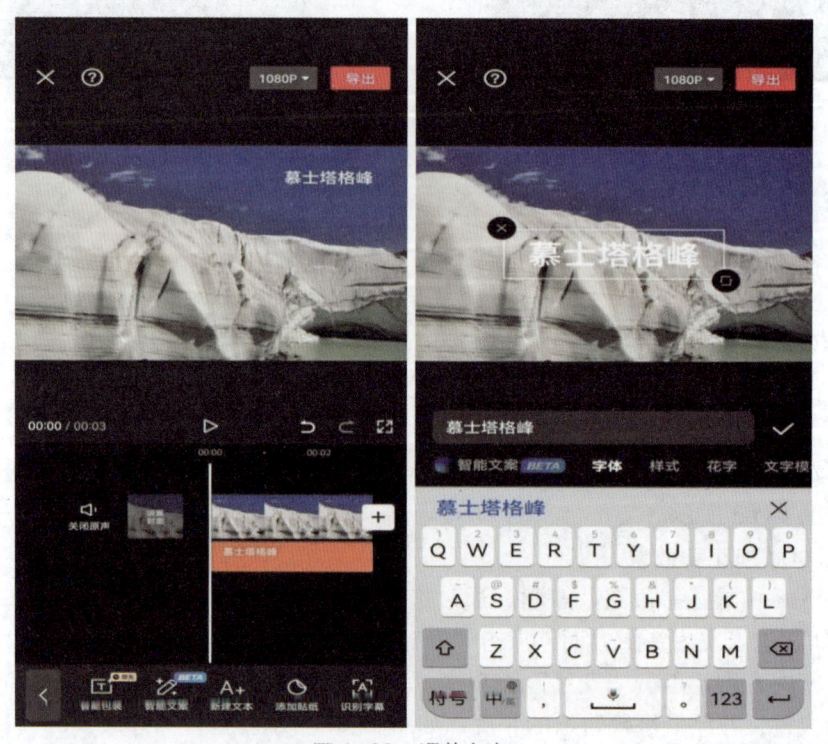

图 4-82 调整文字

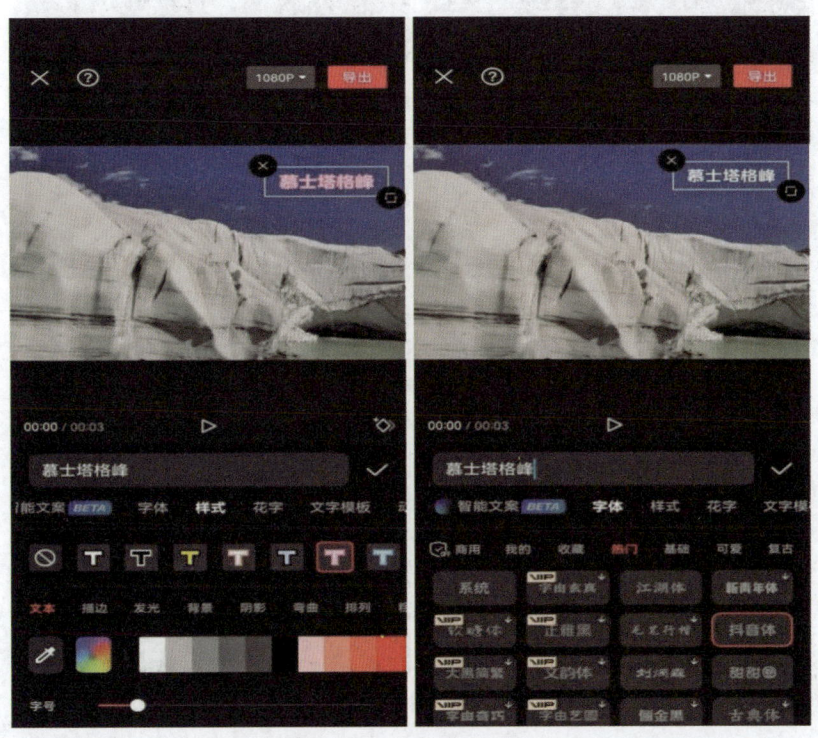

图 4-83 设置文字样式

图 4-84 新建文本

图 4-85　调整字幕轨道

3. 一键识别视频中的字幕

在剪映 App 中导入一段视频素材，点击"文字"按钮进入文字编辑界面，点击"识别字幕"按钮，如图 4-86 所示。

图 4-86　识别字幕

执行操作后，开始自动识别视频中的语音内容，稍后就会自动生成对应的字幕轨道，如图 4-87 所示。

图 4-87　生成字幕轨道

双击字幕轨道，点击"样式"按钮，选择合适的字体效果，在预览区域中也可适当调整字幕的大小和位置，如图 4-88 所示。

4. 快速识别视频中的歌曲

在剪映 App 中导入一段视频素材，点击"文字"按钮进入文字编辑界面，点击"识别歌词"按钮，如图 4-89 所示。

弹出"识别歌词"对话框，点击"开始匹配"按钮，如图 4-90 所示。

执行操作后，开始自动识别视频音乐中的歌词内容，稍后即可完成歌词识别显示，自动生成歌词字幕轨道。同时双击字幕轨道，分别点击"动画""入场"按钮，选项区中选择"卡拉 OK"动画效果，通过拖曳右箭头滑块，可调整动画的时长，如图 4-91 所示。

图 4-88　调整字幕

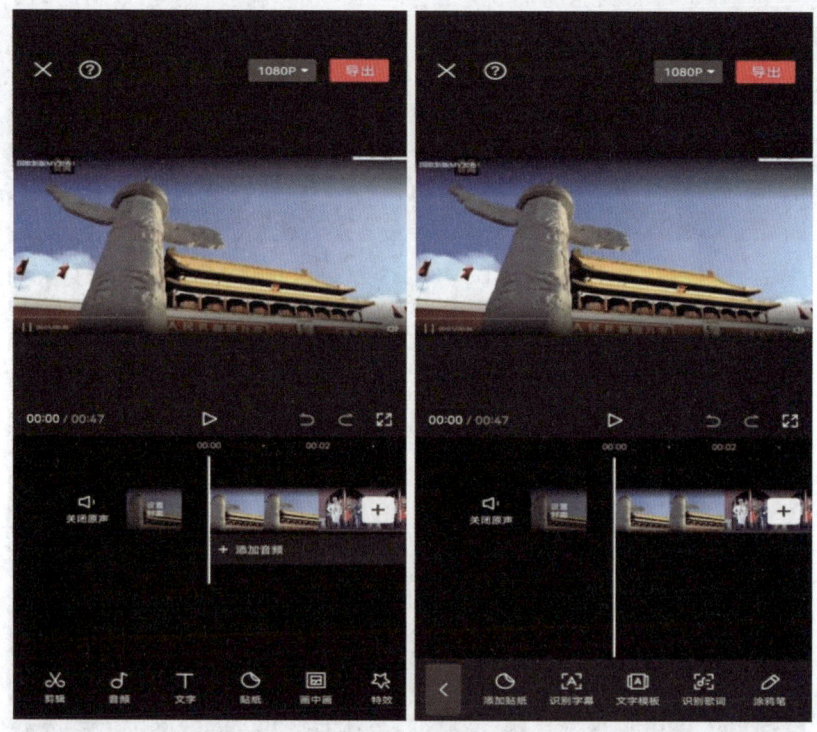

图 4-89 识别歌词

图 4-90 开始匹配

图 4-91　调整动画时长

五、文字动画

1. 设置图片文字动画

在剪映 App 中导入一段图片素材，添加文字，设置相应的文字样式效果，之后切换至"文字模板"选项卡，选择一个合适的模板，如图 4-92 所示。

图 4-92　文字模板

切换至"动画"选项卡,在"入场动画"选项区中选择"星光闪闪"动画效果,拖曳蓝色的右箭头滑块可适当调整入场动画的持续时间。在"出场动画"选项区中选择"故障闪动"动画效果,拖曳红色的左箭头滑块可适当调整出场动画的持续时间,如图4-93所示。

图4-93 设置第1段动画

点击"√"按钮进行确认,之后创建第2段字幕轨道,为字幕添加文字动画,操作同上,入场动画选择"冰雪飘动",如图4-94所示。

图4-94 设置第2段动画

2. 制作文字滚屏效果

在剪映 App 中导入图片素材,在预览区域将其画面缩小并移动至左侧位置,依次点击"文字""新建文本"两个按钮,如图 4-95 所示。

图 4-95 新建文本

在文本框中输入相应的文字内容,选择合适的字体样式,点击"排列"选项,选择合适的模板,如图 4-96 所示。

图 4-96 设置与排列文本

在预览区域调整文本框的大小及位置，将其缩小并拖曳至右上角，添加关键帧，再次调整文本框的大小及位置，将其放大拖曳至中间位置，添加关键帧，如图4-97所示。

图4-97　添加关键帧

六、添加音乐

1. 为视频添加背景音乐或场景音效

在剪映App中导入一段视频素材，点击"关闭原声"按钮，再点击"音频"按钮，关闭原声，如图4-98所示。

图4-98　关闭原声

点击"音乐"按钮，会看到多种音乐类型，点击所选音乐右侧的"使用"按钮，选择音乐，如图4-99所示。

图4-99 选择音乐

此时，视频轨道下方会显示一条音频轨道，表明已成功添加背景音乐，如图4-100所示。

图4-100 音频轨道

添加场景音效的操作方法同上，点击"音频"按钮，点击"音效"按钮，点击"环境音"选项，选择"雨声"音效右侧的"使用"按钮，执行上述操作后，即可成功为视频添加场景音效，如图4-101所示。

图4-101 添加音效

2. 下载和添加抖音音乐

在抖音App中选择一段视频，点击分享按钮，在新的界面中复制视频链接，如图4-102所示。

图4-102 分享视频

在剪映 App 中导入一段视频素材，点击"音频"按钮，再点击"音乐"按钮，切换至"导入音乐"选项卡，在搜索栏处粘贴链接，并点击下载按钮下载音频，点击所下载音频右侧的"使用"按钮，即可为视频成功添加背景音乐，如图 4-103 所示。

图 4-103　添加背景音乐

七、剪辑音频

1. 对音乐进行剪辑处理

在剪映 App 中导入一段视频素材，点击"音频"按钮，在新的界面中点击"音乐"按钮，输入歌曲名称并搜索，在歌曲界面下载并点击所选歌曲右侧的"使用"按钮，如图 4-104 所示。

添加歌曲文件后，将时间轴移动至需要剪辑的位置处，点击"＜"按钮，点击"剪辑"，再点击工具栏中的"分割"按钮，可以将音乐素材分割为两段，选中需要删除的音乐素材，点击"删除"按钮，即可对音频进行删除操作，如图 4-105 所示。

2. 对音量大小进行调节

在剪映 App 中导入一段视频素材，点击"关闭原声"按钮，点击"音频"按钮，在新的界面中点击"音效"按钮，点击音效右侧的"使用"按钮，如图 4-106 所示。

选中音效素材，再点击"音量"按钮，设置音量参数，如图 4-107 所示。

3. 对音频进行变声和淡化处理

在剪映 App 中导入一段视频素材，点击"音频"按钮，在新的界面中点击"录音"按钮，长按"按住录音"按钮进行录音，录音完成后点击"√"按钮，如图 4-108 所示。

图 4-104 添加歌曲

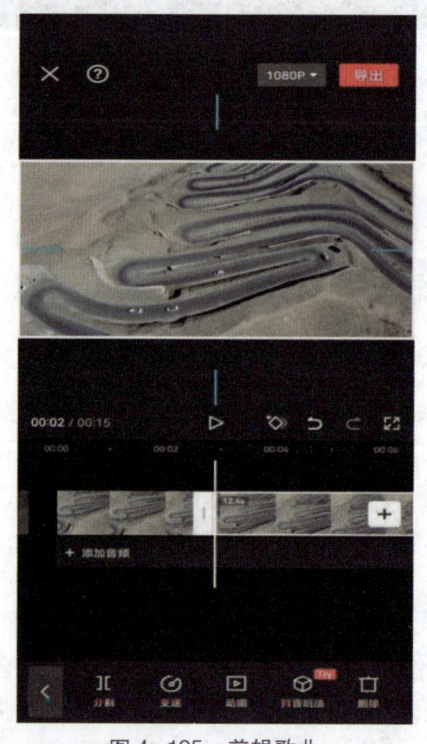

图 4-105 剪辑歌曲

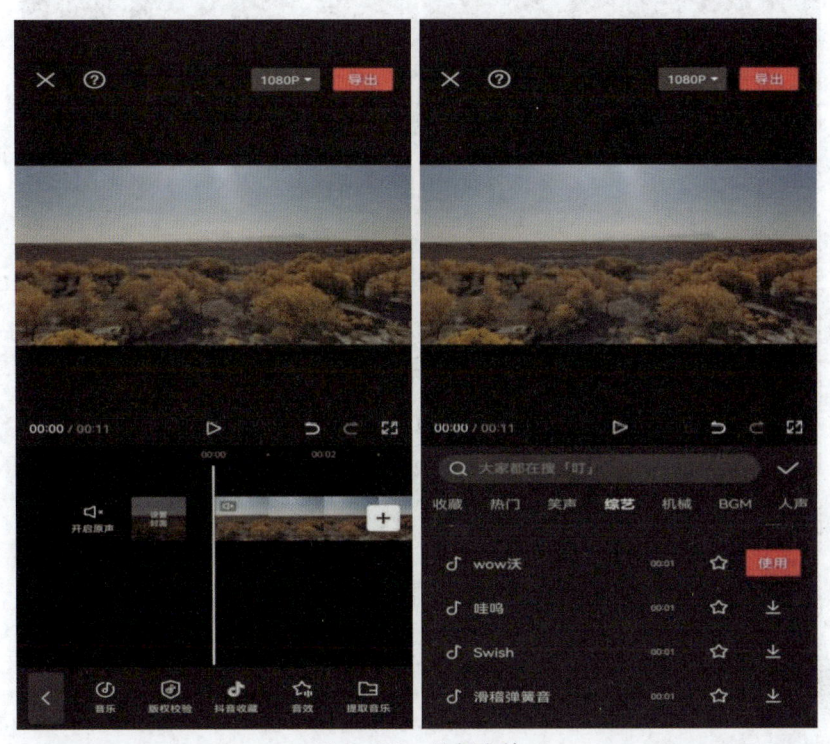

图 4-106 选择音效

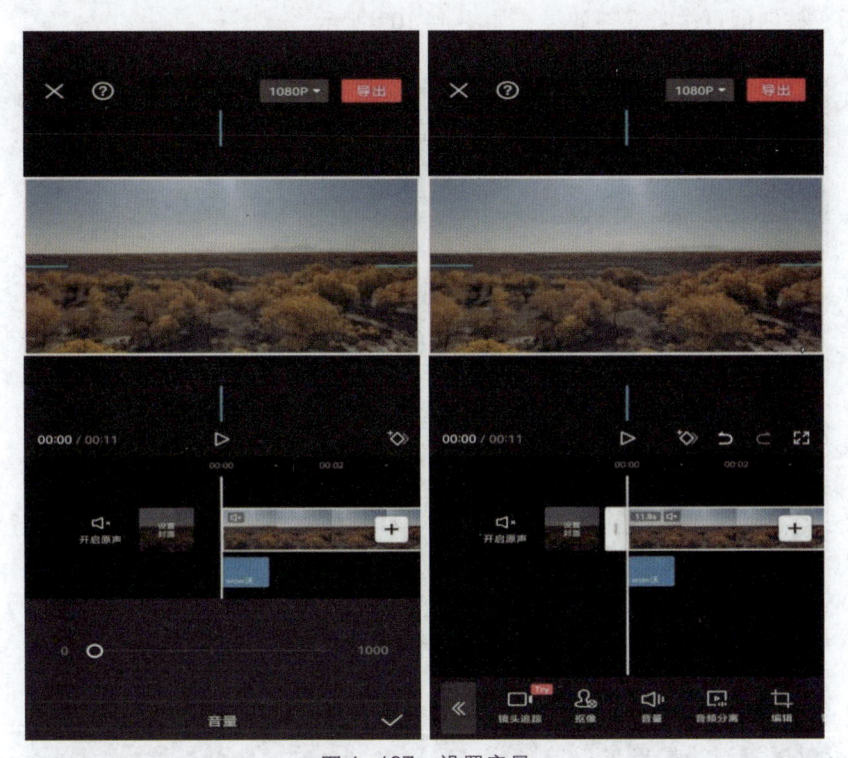

图 4-107 设置音量

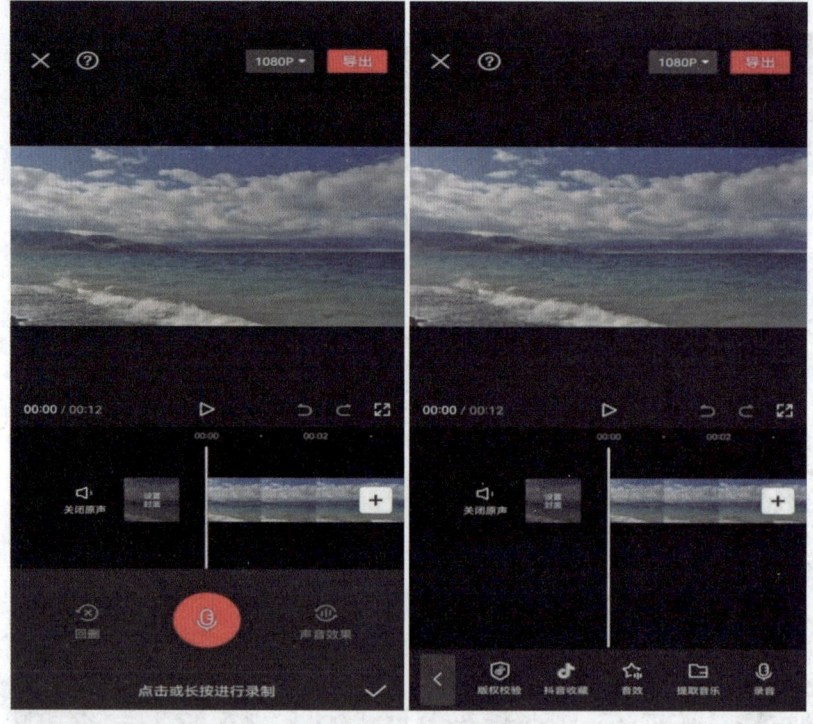

图 4-108 添加录音

选中所录的音频素材,点击"声音效果"按钮,选择一个合适的声音,点击"√"按钮,点击播放按钮即可试听变声效果,如图 4-109 所示。

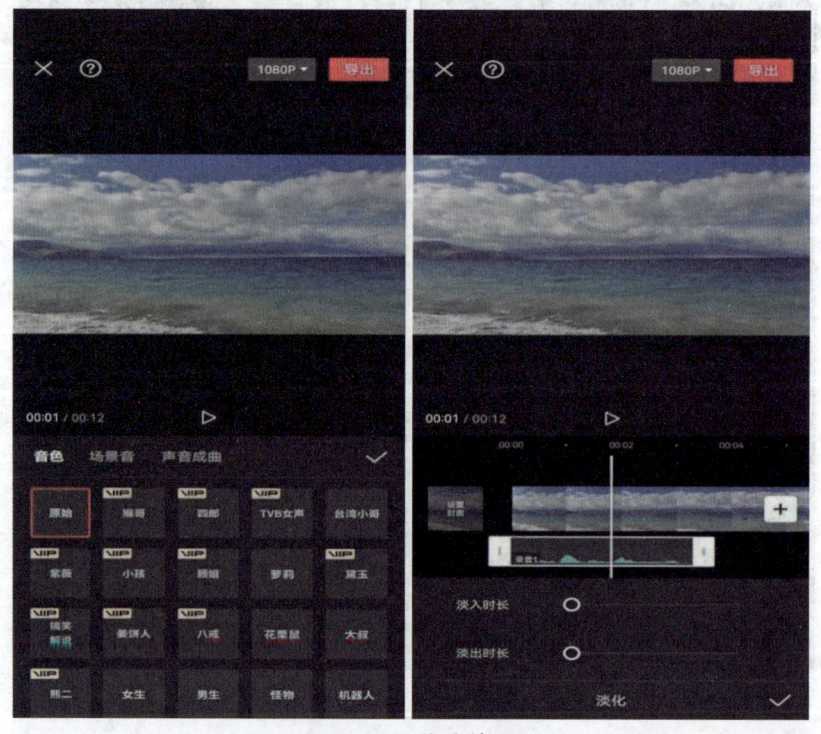

图 4-109 变声效果

在音频开始或结束音量比较突兀时，可以设置淡入淡出效果，选中音频轨道，点击"淡化按钮"，拖拽滑块可以调节淡入时长和淡出时长，完成后点击"√"按钮，如图 4−110 所示。

图 4−110　淡入淡出

剪辑素材

【边学边练】

以小组为单位，充分利用剪映 App 的"分割""动画""特效""文字"等功能，拍摄短视频素材发布到抖音，并介绍短视频的制作流程。

任务三　制作营销视频

【知识准备】

【综合案例】制作原创片头

综合案例 1：原创片头制作（剪映手机版）
实景拍摄地：广东省江门市三十三墟街
配乐：引用影视剧《狂飙》片头原声配乐
字幕：除摄影、剪辑外，其他字幕人员均为引用化名，如有雷同，纯熟巧合
时长：30 秒以上

一、筛选镜头、导入素材

①筛选镜头。筛选手机中拍摄的可用镜头,为导入素材做好充分准备,如图4-111所示。

②打开手机剪映App,将初选好的10个镜头以高清的形式进行添加导入,如图4-112所示。

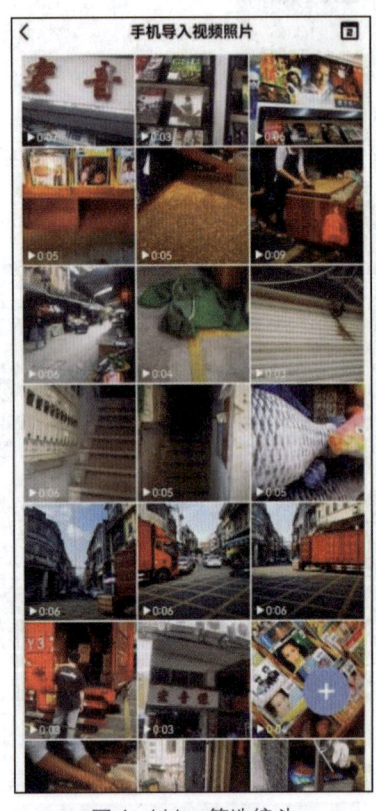

图4-111　筛选镜头

图4-112　导入镜头

二、镜头分割、精筛画面

以30秒左右时长为标准,将10个镜头初步平均分割为各3秒左右,精筛为最精彩的画面内容,后面也可根据音乐节奏或特效等设置微调个别镜头长度,如图4-113所示。

三、加入音频、对接节奏

①选择添加音频,并提取音乐,仅导入视频的声音,导入提前准备好的视频里的片头曲目,如图4-114所示。

②根据音乐的旋律与节奏,微调镜头的时长与画面内容,将声画节奏卡点同步,达到情绪统一、和谐的视听效果,如图4-115所示。

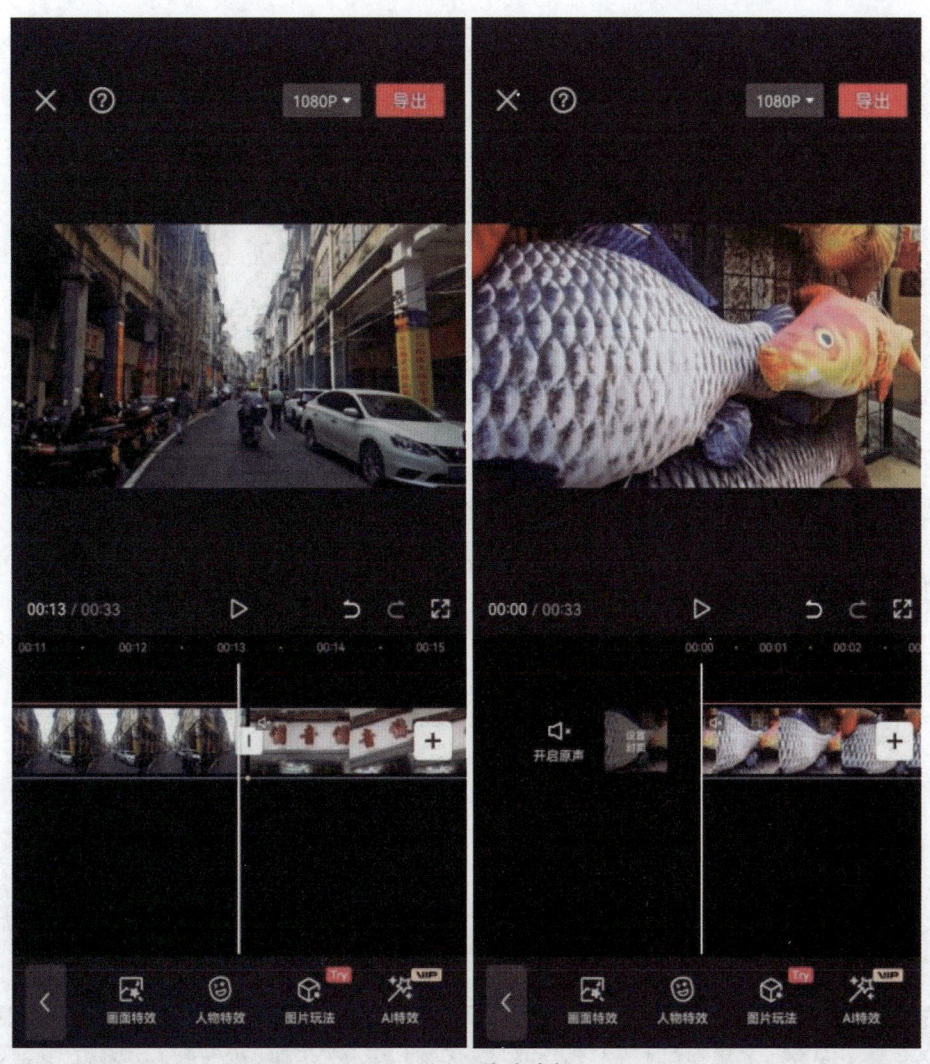

图 4-113 镜头分割

图 4-114 加入音频

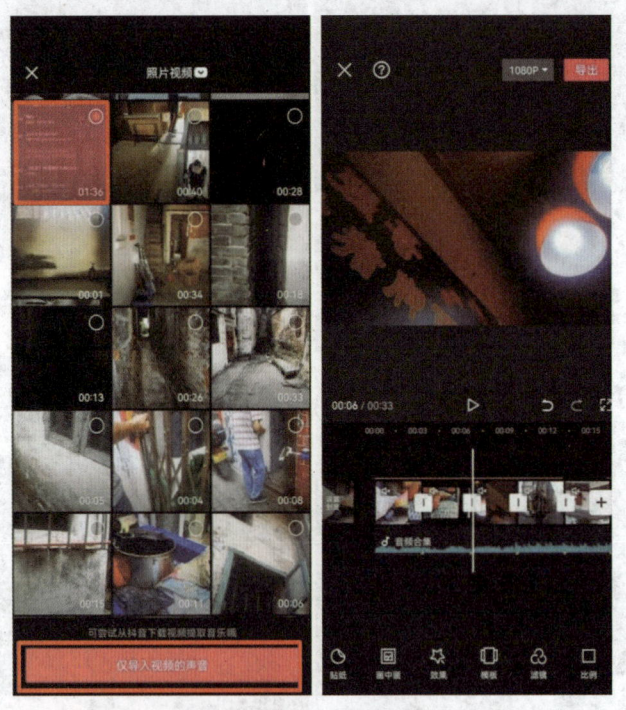

图 4-115 声画同步

四、调色与滤镜

①选择滤镜，点击"调节"，进行智能调色，并调节锐化增强画面质感。再次选择滤镜，点击"滤镜"，如图 4-116 所示。

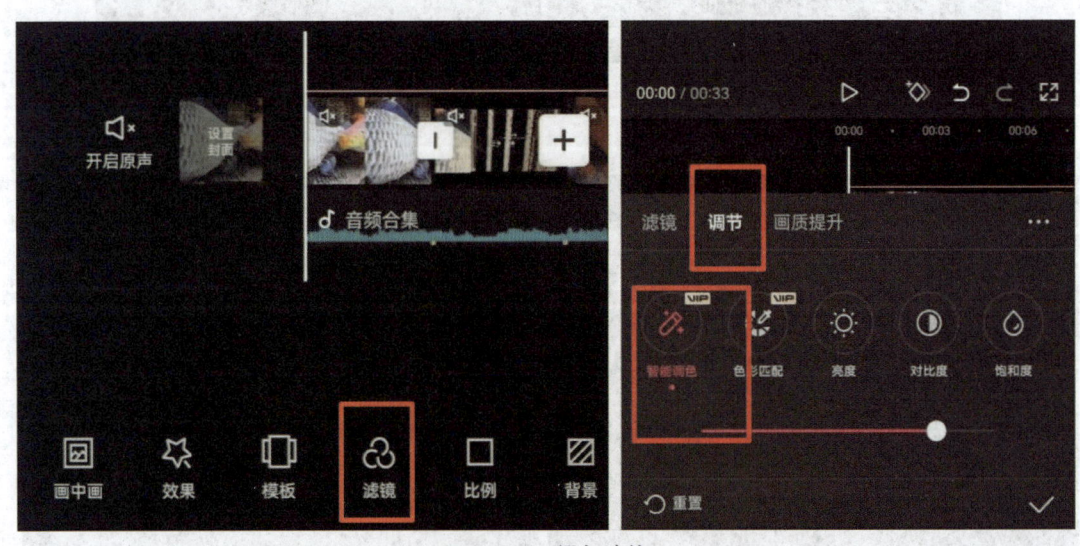

图 4-116 添加滤镜

②选择影视级滤镜效果"青橙"，以呈现电影色调，如图 4-117 所示。

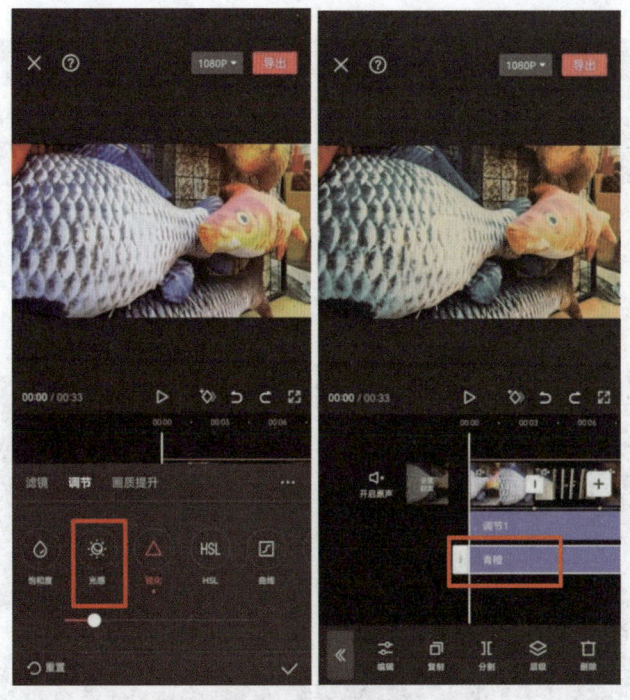

图 4-117 选择滤镜

五、转场设置

在镜头衔接处，添加转场效果，如运镜中的推近或光效中的闪光灯等，以制造镜头与镜头过渡时的炫酷效果，增强转场节奏感和视觉冲击力，如图 4-118、图 4-119 所示。

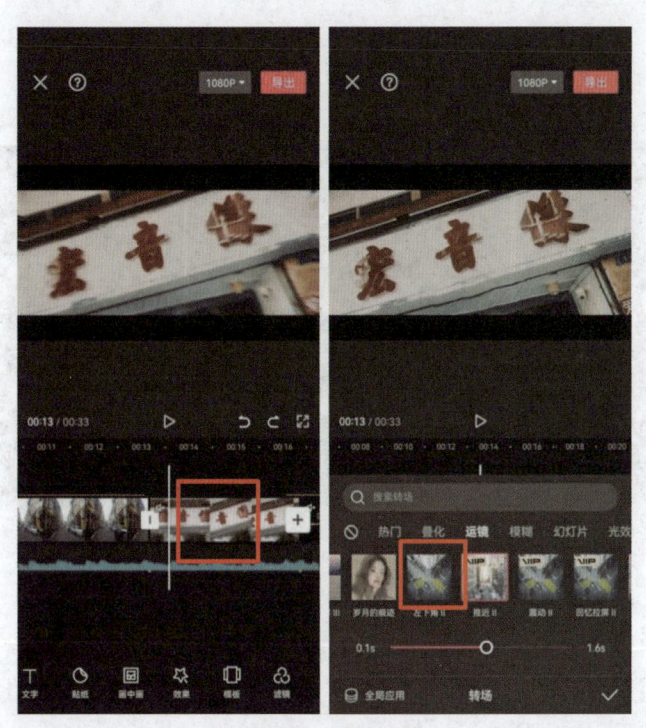

图 4-118 设置转场 1

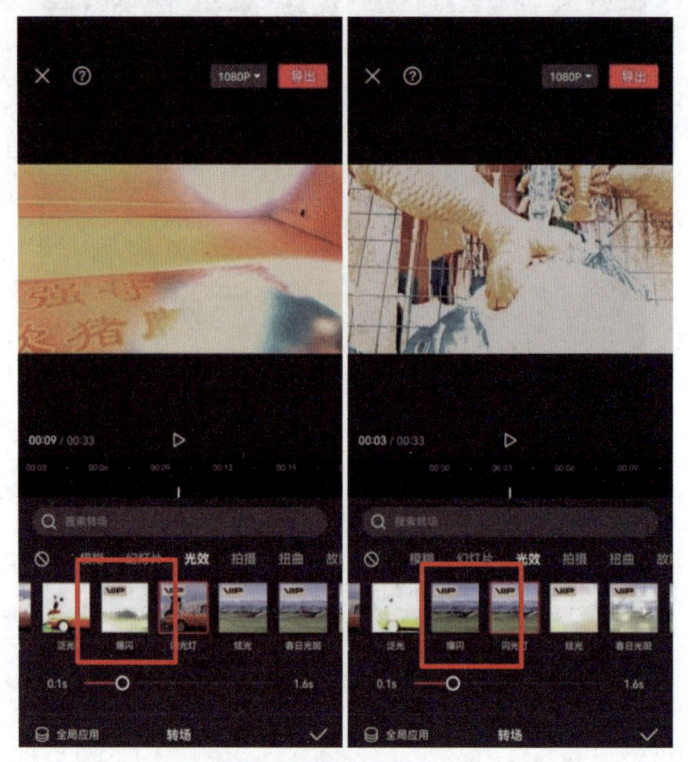

图 4-119　设置转场 2

六、添加特效

根据个人风格需求，为镜头画面添加各类特效，例如卷动、电影感、心跳、边缘等，增强画面个性化的视觉效果，如图 4-120、图 4-121 所示。

图 4-120　添加特效

七、添加字幕

①为画面镜头添加字幕，并调节相应的字体、样式。引用人名均为化名，字幕以中英文结合的形式呈现，如图 4-122 所示。

项目四 新媒体视频制作

图 4-121 添加特效 2

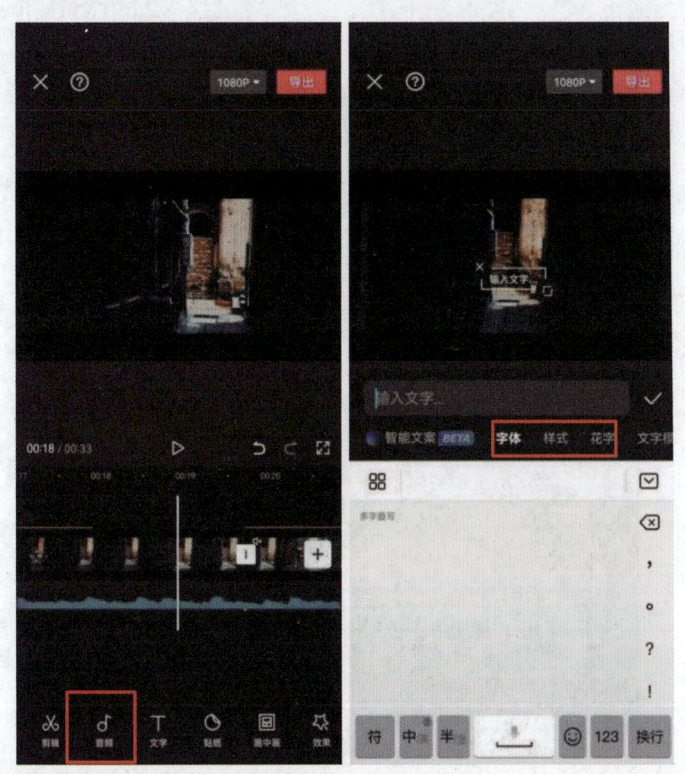

图 4-122 添加字幕

②为字幕添加入场与出场动画，实现字幕渐显渐隐的效果，如图4-123所示。

图4-123　添加入场出场动画

八、预览与输出

全片预览后，以1080p的标准，输出视频，如图4-124所示。

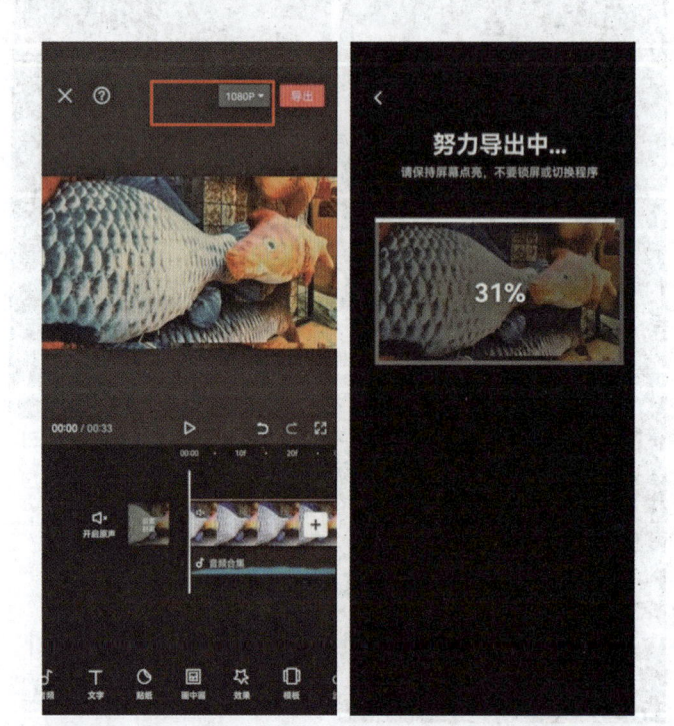

图4-124　预览与输出

原创片头

> 【边学边练】

以小组为单位，实景取景拍摄，利用手机剪映App完成至少30秒的原创片头。

【综合案例】创作风格化短视频

1. 风格化短视频的艺术特点

风格化短视频，是指通过特定的视觉效果、剪辑技巧、音乐和声音设计等元素来表达独特风格或艺术感的短视频作品。这些短视频通常具有鲜明的个性和风格特征，能够快速吸引观众的注意力，并在社交媒体平台上获得较高的传播效果。

具体的特点包括：

①视觉风格：使用滤镜、颜色调整、动画和特效来创造一种视觉上的统一感，可以是复古的、未来主义的、卡通的或任何其他明确的视觉风格。

②音频元素：配乐和音效选择与视频的视觉风格相协调，增强视频的整体风格体验。

③内容主题：内容遵循一定的主题，赋有特殊的寓意元素及意识流，形成一种个性化的叙述方式与风格调性。

④镜头创意：风格化短视频往往包含创意的镜头表达方式，比如独特的拍摄角度、构图、动态图形和文本元素等。

⑤剪辑技巧：通过剪辑的节奏、转场效果以及其他编辑技巧来加强视频的风格化效果。

⑥目标受众：风格化短视频往往针对特定的受众群体，通过符合他们审美和兴趣的风格来吸引他们。

风格化短视频在社交媒体和短视频平台上较为流行，具备一定的代表性和前瞻性，创作者使用个性化的手段来突出自己的风格，与观众建立联系，并在短时间内传达其信息或故事。

2. 案例概述

此案例"空镜头"创作短片拍摄于广东省江门市三十三墟街。虽与前一个案例取景于相同场地，但通过不同的镜头表达方式及剪辑手法，能够呈现出不同的影像风格。

风格元素：复古、港风、王家卫式。

3. 筛选镜头、导入素材

选中所需素材，点击打开，完成素材导入，如图4-125所示。

4. 镜头分割、精筛画面

根据创作思路，依次将导入的素材拖入时间线，排列好镜头顺序，如图4-126所示。

对镜头进行分割筛选，保留最精华的画面内容，如图4-127所示。

5. 加入音频、对接节奏

点击"音频提取"，导入电影对白音频，如图4-128所示。

利用"变速"功能，微调镜头画面的速度为1.2~1.4，实现声画长度的同步，如图4-129所示。

6. 添加画中画

导入黑场镜头，拖入时间线最上层视频轨道，形成画中画，如图4-130所示。

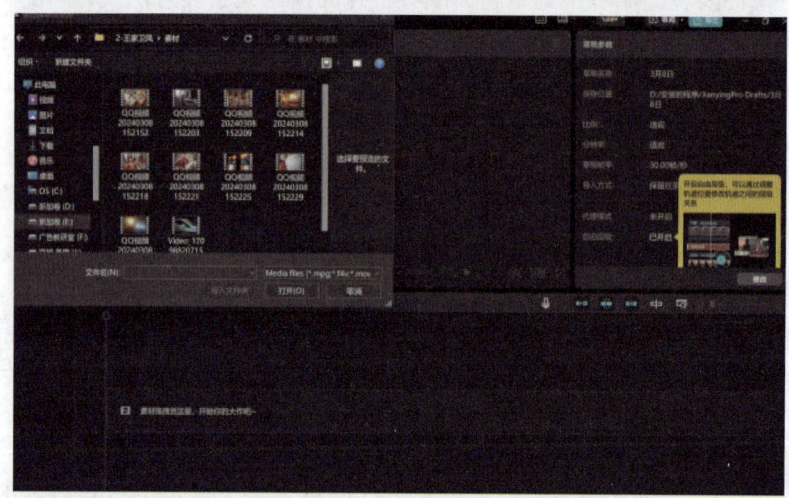

图 4-125 筛选镜头、导入素材

图 4-126 排列镜头

项目四 新媒体视频制作

图4-127 分割筛选

图4-128 提取音频

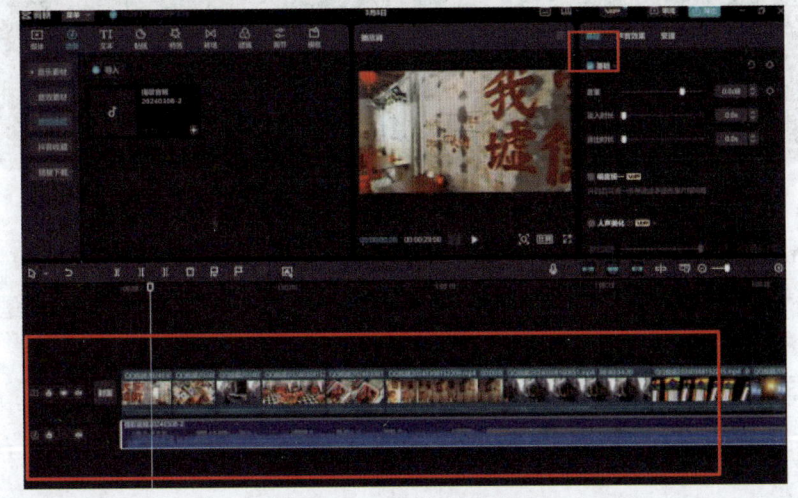

图4-129 声画同步

163

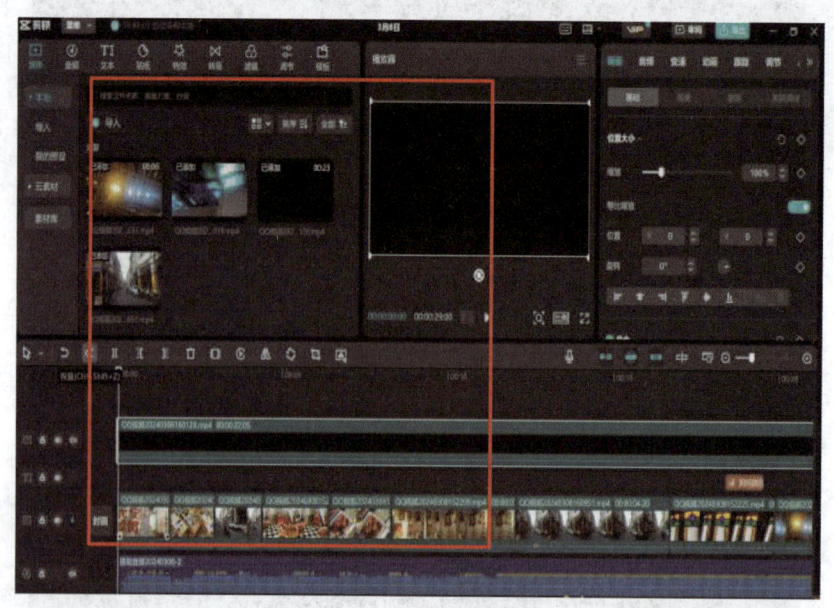

图4-130　导入黑场镜头

选中时间线上的黑场镜头素材，点击右键，选择基础编辑里的裁剪比例，裁剪成长条形状，制作模拟电影效果的画面镜头，如图4-131所示。

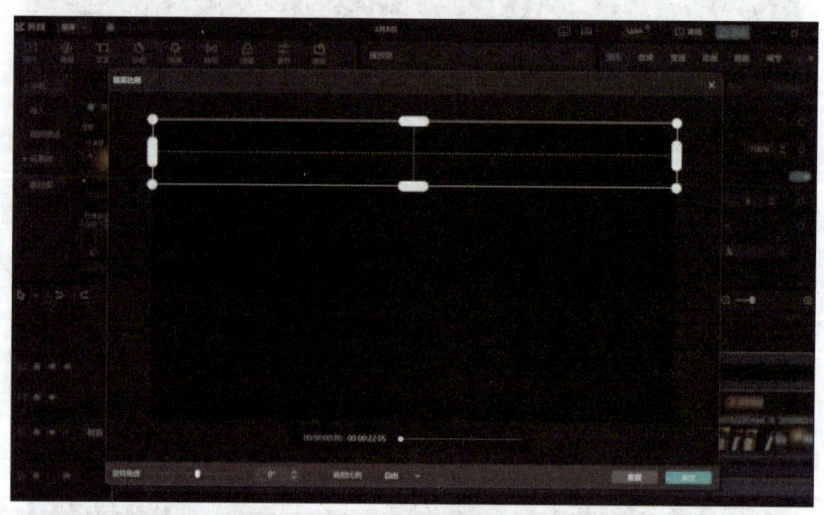

图4-131　裁剪镜头

调整黑色长条位置，置于画面顶端，如图4-132所示。

右键复制黑场视频，形成新的视频轨道，调整黑色长条，置于画面底端。呈现电影黑色边条的视觉效果，如图4-133所示。

七、调色

添加"重庆森林"滤镜，如图4-134所示。

添加"春光乍泄"滤镜，调整强度参数，如图4-135所示。

项目四 新媒体视频制作

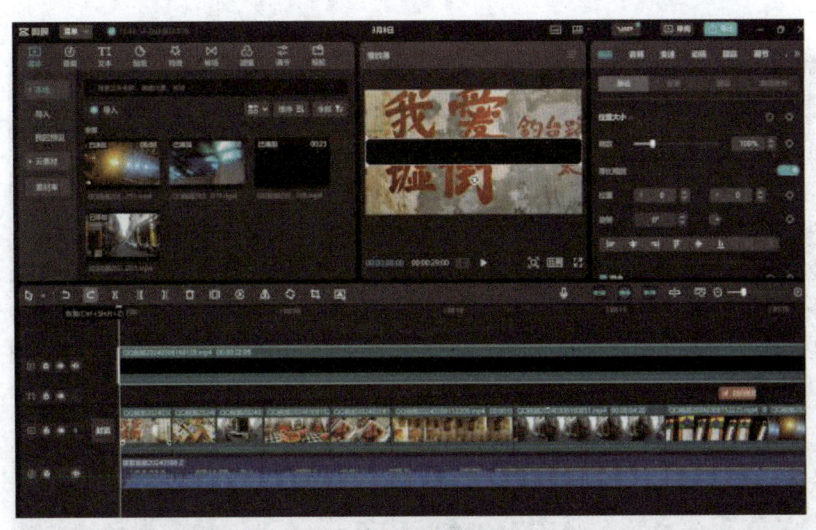

图 4-132 设置层级

图 4-133 复制片段

图 4-134 添加滤镜

图 4-135 添加滤镜

八、添加字幕

点击"文本",利用智能字幕,识别音频中的人声台词,自动生成字幕,再微调有出入的文字即可,如图 4-136 所示。

图 4-136 添加中文字幕

为已识别的中文字幕,手动添加英文字幕,并调整字幕位置,如图 4-137 所示。

九、预览与输出

点击左上角"菜单"的文件,选中"导出",如图 4-138 所示。
调整好输出的视频参数、存储位置,点击"导出",如图 4-139 所示。

十、添加特效

利用手机剪映 App,添加片头字幕,点击"文本",在"字体"中选择港风繁体,如图 4-140 所示。

图 4-137 添加英文字幕

图 4-138 导出视频

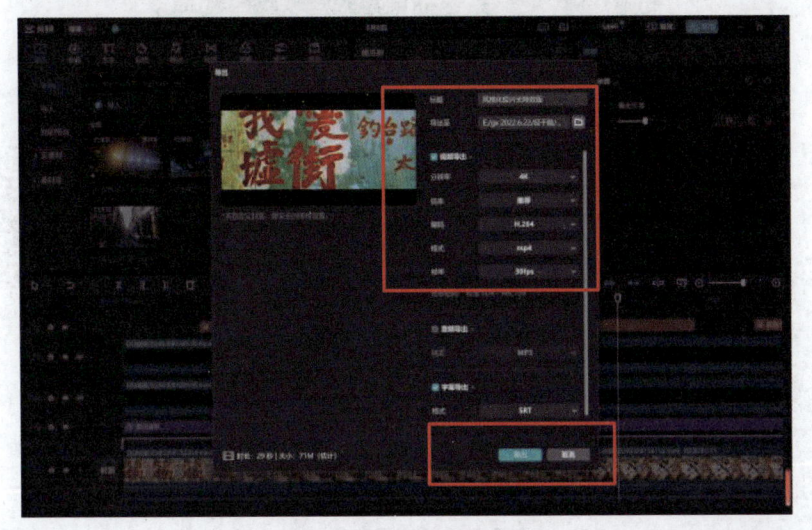

图 4-139 设置导出参数

为全片添加特效，鉴于电脑版剪映缺少相关特效，因此，结合手机剪映 App 完成。选择"特效"，在"电影"选项里添加"旺角街道"以及"重庆大厦"，在"复古"选项里，添加"荧幕噪点"，即可实现复古、港风的个性化影像风格，如图 4-141 所示。

图 4-140　添加片头　　　　　　　　图 4-141　添加特效

十一、预览导出

预览视频，调整 1080P 参数，点击"导出"，生成短片，如图 4-142 所示。

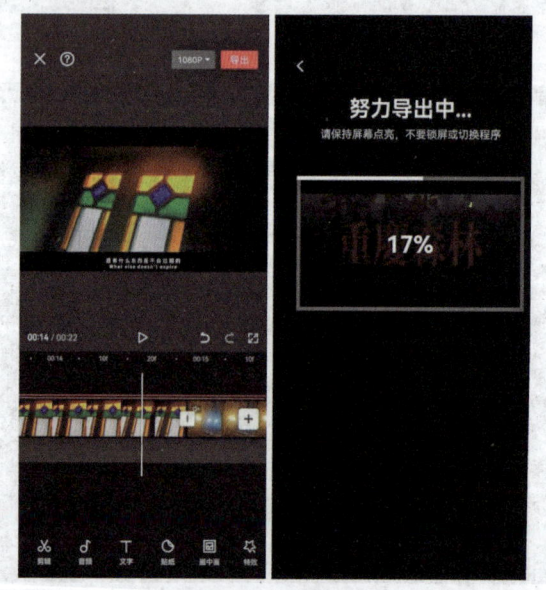

图 4-142　预览导出

风格化短视频

【边学边练】

以小组为单位,拍摄并剪辑完成风格化"空镜头"短视频,时长30秒~1分钟,要求内容原创,突出个性化特点和创新创意思维。

"空镜头"短视频范例

项目实训 视频制作

【项目描述】

小王是某校大二的学生,在学校生活了两年,对同学、老师及校园有着别样的情感。如今要去外地实习了,有些恋恋不舍,小王想为学校做一个视频,留住大学生活的美好点滴。

【项目要求】

1. 撰写前期拍摄文案;
2. 掌握拍摄景别;
3. 能够根据拍摄内容进行剪辑。

【项目评价】

评价项目	评价内容及要求	配分	自我评价	小组评价	教师评价	得分
理论知识	掌握视频剪辑的基础	10				
	掌握不同景别的拍摄手法	10				
实操内容	前期拍摄文案	15				
	视频拍摄完整度	15				
	后期剪辑完成效果	20				
职业素养	现场操控能力	10				
	创新能力	10				
	团队合作	10				

项目练习

一、选择题

1. 在剪映电脑版中,若想剪切掉视频中不需要的部分,正确的步骤是:(   )
   A. 使用"裁剪"功能
   B. 使用"分割"功能,然后删除不需要的部分
   C. 直接拖动视频边缘以删除不需要的部分
   D. 使用"变速"功能调整视频速度

2. 如何在剪映软件中给视频添加一个风格化滤镜?(   )
   A. 选择视频片段,然后点击"效果"选项
   B. 在"音频"选项中选择合适的滤镜、音效

C. 在"文本"工具中选择滤镜选项

D. 导出视频后在外部应用中添加滤镜

3. 在添加文字字幕时，为了确保可读性和专业性，应该：（   ）

A. 使用尽可能多的字体和颜色

B. 将字幕放在视频最顶层，以覆盖视频内容

C. 确保字幕的大小、颜色和字体与视频的风格和背景相协调

D. 让字幕在视频中快速闪现，创造戏剧性效果

4. 色彩校正在剪辑工作中非常重要。在剪映中进行基本色彩校正时，需要调整哪些参数？（   ）

A. 文本字幕、过渡和特效　　　　B. 分辨率、格式和帧率

C. 轨道顺序、分裂和组合　　　　D. 亮度、对比度和饱和度

5. 使用剪映 App 制作片头时，以下哪项是制作片头的第一步？（   ）

A. 选择背景音乐　　　　　　　　B. 筛选镜头，导入素材

C. 添加文本效果　　　　　　　　D. 选择片头模板

6. 在剪映 App 中调整视频片段速度时，若想让画面呈现慢动作效果，应该：（   ）

A. 增加播放速度　　　　　　　　B. 减少播放速度

C. 不改变播放速度　　　　　　　D. 裁剪视频片段

7. 要在剪映 App 中实现视频片段与背景音乐之间的平滑过渡，应该使用以下哪个功能？（   ）

A. 色彩校正　　　　　　　　　　B. 音频淡入淡出

C. 视频过渡效果　　　　　　　　D. 音量增强

8. 在剪映 App 中，以下哪种方法能让 30 秒片头显得更专业？（   ）

A. 使用默认设置　　　　　　　　B. 随机添加很多特效

C. 制作清晰的开场和结尾　　　　D. 只使用一种字体样式

二、判断题

1. 为视频选择合适的背景音乐时，应注意音乐的节奏与视频的剪辑节奏相匹配。（   ）

2. 在视频中增加一段旁白，应该选用"音频录制"功能录制并添加旁白。（   ）

3. 剪映 App 可以实现导入视频素材、替换视频素材、剪辑视频以及使用绿幕抠像等功能。（   ）

4. 滤镜不能调整视频色彩。（   ）

5. 剪映 App 可以实现多层滤镜和特效的导入。（   ）

6. 剪映 App 添加的字幕不可以随意调整位置和大小。（   ）

7. 剪映电脑专业版中，自动踩点仅针对音乐素材里的"卡点"类音乐。（   ）

三、简答题

1. 如何利用剪映 App 对视频进行倒放处理？

2. 如何利用剪映 App 快速替换短视频素材？

3. 如何利用剪映 App 对视频进行镜像处理？

项目五

新媒体信息安全

【学习目标】

[知识目标]
- 了解导致信息泄露的途径。
- 了解知识产权的界限。
- 初步了解网络安全法。

[能力目标]
- 掌握信息泄露后的处理措施。
- 掌握被侵权后的处理办法。

[情感目标]
- 学生自觉遵守与信息活动相关的法律法规,抵制网络上各种不良信息的诱惑,提高自我保护和预防违法犯罪的意识。

【思维导读】

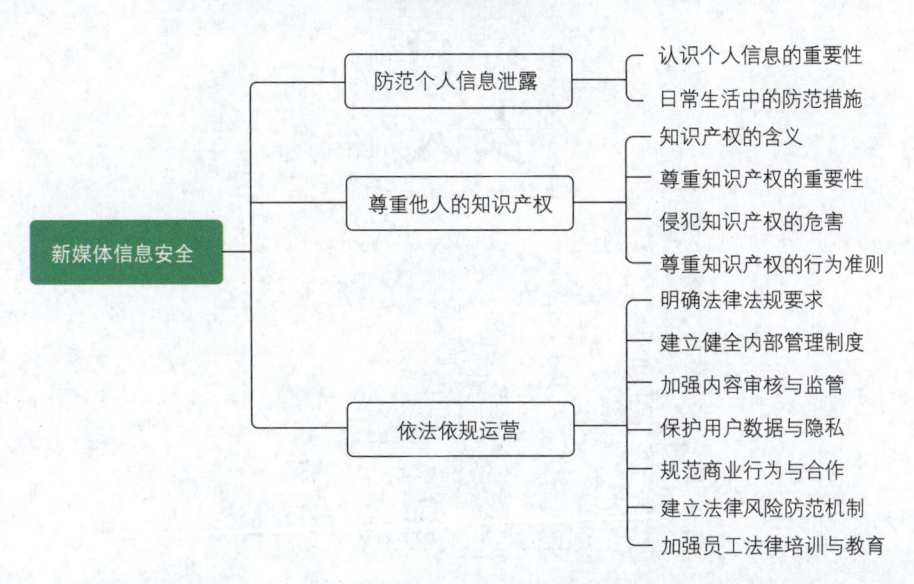

新媒体信息安全
- 防范个人信息泄露
  - 认识个人信息的重要性
  - 日常生活中的防范措施
- 尊重他人的知识产权
  - 知识产权的含义
  - 尊重知识产权的重要性
  - 侵犯知识产权的危害
  - 尊重知识产权的行为准则
- 依法依规运营
  - 明确法律法规要求
  - 建立健全内部管理制度
  - 加强内容审核与监管
  - 保护用户数据与隐私
  - 规范商业行为与合作
  - 建立法律风险防范机制
  - 加强员工法律培训与教育

【案例导入】

浙江宁波李某等人侵犯公民个人信息案

2023年5月,浙江宁波公安机关在侦办一起网络诈骗案件时发现,诈骗分子掌握大量公民个人信息。经查,李某等人成立某网络传媒有限公司,联系"网红"在某平台直播间带货,以低价销售"网红教学素材"为诱饵,骗取用户购买商品并提供公民个人信息,进而将相关信息出售给下游诈骗团伙。诈骗团伙利用受害人不了解网络直播行业但急迫希望成为"网红"赚钱的心理,对受害人开展精准营销,出售虚假直播培训课程,并许诺为其直播间提升粉丝数量,骗取大量受害人培训费、服务费等费用。2023年6月,宁波公安机关开展集中收网,抓获犯罪嫌疑人12名,并顺线打掉下游直播培训诈骗团伙,涉案金额560余万元。

【课堂讨论】

1. 在网络购物时,个人信息泄露有什么风险?
2. 在社交媒体使用中,个人信息泄露的常见场景是什么?
3. 如何在日常生活中妥善保管和处理包含个人信息的单据?如快递单、车票等。

任务一 防范个人信息泄露

【知识准备】

图5-1为一保护信息安全的宣传图,旨在提高人们在日常生活中的防范意识。

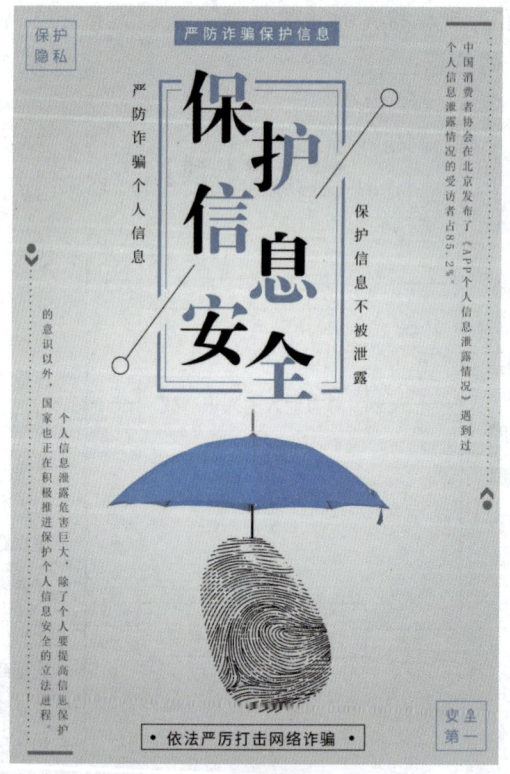

图5-1 保护信息安全宣传图

一、认识个人信息的重要性

个人信息作为一个人身份认证的重要依据，不仅是社会交往的起点，更是别人了解你的重要资料。在大数据时代背景下，个人信息所包含的内容和价值远超过传统意义上的姓名、性别、年龄、职业等基本信息。它还包括了更为丰富的个人信息维度，如设备信息（如手机、电脑等硬件设施）、账户信息（如支付宝、微信等软件账号及其交易记录）、隐私信息（如通信记录、健康医疗数据）、社会关系信息（如家庭成员、朋友等人际关系网络）以及网络行为信息（如在线购物习惯、搜索历史等）。

不仅如此，随着人工智能和大数据技术的不断发展，个人信息的深度挖掘和利用已经达到了前所未有的程度。现在，除了基本信息之外，个人的经济状况、生活习惯、性格特点甚至更多维度的信息，如兴趣爱好、消费观念、教育背景等，都能从看似简单的个人信息中得以窥见。例如，通过分析手机使用习惯，可以判断出一个人的消费水平；通过社交网络互动，可以描绘出一个人的情感状态和朋友圈特征；而通过对健康医疗数据的挖掘，则有可能揭示出一个人的健康状况和潜在疾病风险。

二、日常生活中的防范措施

1. 谨慎处理垃圾邮件和陌生信息

在处理垃圾邮件和陌生信息时，务必保持高度警惕。切勿轻易点击邮件或信息中的链接，因为这些链接有可能是恶意软件的温床，一旦点击就可能导致个人信息泄露或电脑感染病毒。其次，要留心识别诈骗邮件或信息，不轻信陌生人提供的各种优惠、奖励或抽奖活动，以免上当受骗。总之，在日常生活中，保持谨慎，对待网络信息要三思而行，做到见好就收，杜绝不安全因素的侵扰。

2. 安全使用公共 WiFi

在连接公共 WiFi 时，为了保护个人信息的安全，我们要特别谨慎。避免在公共环境下进行敏感信息的传输，如网银交易、登录重要账号等。这是因为公共 WiFi 网络往往存在安全隐患，黑客可能通过监控网络流量来窃取用户的个人信息。此外，在使用公共 WiFi 时，我们还可以考虑使用 VPN（虚拟私有网络）等加密工具来保护数据的安全。VPN 可以在用户和网络之间建立一个加密的通道，确保数据传输的隐私和安全。

除了使用加密工具外，我们还应该注意一些公共 WiFi 使用的细节。首先，要确保连接的 WiFi 热点是正规、可信赖的，尽量避免连接不明来源的 WiFi。其次，不要在登录账号时选择"记住密码"的选项，以免密码泄露。再次，要关闭自动连接 WiFi 的功能，避免手机或电脑会自动连接到可疑的 WiFi 热点上。最后，在使用公共 WiFi 后要及时断开连接，并在设备上删除已保存的该 WiFi 热点，防止信息被盗用。

3. 保护好个人密码

（1）设置复杂且不易被猜测的密码

选择一个包含大小写字母、数字和特殊字符的强密码，避免使用过于简单和常见的密码，如生日、123456 等。合理的密码长度应在 8 位以上，最好含有 12 位或更多。

（2）定期更换密码

定期更换密码是维护个人信息安全的重要措施。建议每三个月更换一次密码，以提高用户账号的安全性。

(3) 不同网站使用不同的密码

避免在不同网站和平台上使用相同的密码。这样即使某个网站出现了安全问题，其他网站的账号也不会受到波及。

(4) 使用密码管理工具

使用密码管理工具可以帮助我们存储和管理各种复杂的密码，避免忘记密码或将密码写在纸上。选择可靠的密码管理工具，并设置一个强大的主密码来保护密码库。

(5) 增强意识，警惕钓鱼网站

网络钓鱼是一种常见的诈骗手段，攻击者通常通过伪造网站和电子邮件来获取用户的个人信息和密码。警惕来自陌生或可疑链接的邮件，尽量避免点击并在怀疑时主动联系相关机构核实，以防受骗。

4. 网络购物与支付安全

(1) 选择信誉良好的电商平台

在进行网络购物时，选择知名度高、信誉良好的电商平台。

(2) 使用安全的支付方式

选择正规的第三方支付平台或银行卡进行支付，避免使用不安全的支付方式。

(3) 保护好自己的银行账户信息

不要随意将银行账户信息透露给他人，定期查看账户交易记录，发现异常及时联系银行。

5. 手机与电脑安全设置

(1) 手机安全设置

确保手机系统及应用程序保持最新版本，及时更新修补程序和安全补丁。启用手机锁密码，并使用指纹识别或面部识别等更高级的解锁方式来提升安全性。限制从未知来源安装的应用程序，并只从官方应用商店下载软件，以减少恶意软件的风险。

(2) 电脑安全设置

安装可信赖的杀毒软件，并定期更新病毒库。启用防火墙功能，限制未经授权的访问和网络连接。关闭不必要的网络服务，减少攻击面。定期备份重要数据，以防意外数据丢失。

定期清理设备和浏览历史：定期清除手机和电脑上的缓存、Cookie 和浏览历史记录，减少敏感信息被他人获取的可能性。

6. 新媒体运营工作安全

合理设置账号权限与访问控制。为了保护个人信息的安全，必须明确权限分配并严格控制对敏感信息的访问权限。确保只有经过授权的人员才能接触到关键数据，同时定期查看权限设置，及时撤销对已离职或不需要访问敏感信息的人员的权限。

定期更新和加强账号密码的保护。在新媒体运营中，账号密码是保护个人信息的第一道防线。建议设置强密码，包括字母、数字和特殊字符的组合，并定期更换密码以增加安全性。同时，采用双重验证等多因素身份验证方式，进一步提高账号的安全性。

此外，保护设备与网络的安全也至关重要。务必安装防病毒软件和防火墙，及时更新操作系统和应用程序补丁，以防止恶意软件的入侵。同时，避免使用未经授权的软件和插件，以免潜在的安全风险。另外，定期备份重要数据，以防设备损坏或数据丢失。

员工教育也是确保新媒体运营安全的重要一环。通过开展安全培训，加强员工对网络安全意识的培养，提醒他们注意网络威胁和安全风险，如钓鱼邮件等，避免不必要的风险。

7. 个人信息泄露的应对措施

当个人信息发生泄露时，第一步是尽快修改涉及的所有密码，并设置更加复杂和安全的新密码。同时，尽量避免使用简单、容易猜测的个人信息作为密码。第二步是及时通知相关平台，请求冻结可能受到影响的账号或信息，防止进一步损失。同时，可以向公安机关报案，寻求法律援助和保护。此外，要警惕个人信息被用于诈骗等犯罪行为，保持警惕，避免受到更大的损失。最重要的是，加强自身信息安全意识，定期检查个人信息是否安全，保护好自己的隐私权益。

8. 企业信息泄露的应对措施

一旦怀疑或发现信息泄露，首先要迅速确认是否真的发生了泄露，以及泄露的规模和范围；通知相关人员，立即通知企业的安全团队、管理层、法律顾问和相关部门，确保所有相关人员都了解情况并能迅速行动；采取紧急措施，暂停受影响的系统或服务，以防止进一步的泄露；更改密码、密钥和其他认证凭据；调整防火墙和安全策略，阻止潜在的攻击者；搜集证据，收集关于泄露的详细信息，如泄露时间、泄露的数据类型、可能的泄露原因等。这些信息对于后续的调查和应对至关重要。

评估损失：评估泄露对企业造成的财务、法律和声誉损失，这有助于确定后续的恢复策略和优先级。通知受影响方，根据法律法规和行业标准，及时通知受影响的客户、合作伙伴和监管机构，告知他们泄露的情况以及企业正在采取的应对措施。

调查原因：进行彻底的调查，分析泄露的根本原因，包括技术漏洞、人为错误或恶意行为等。修复漏洞并加强安全，根据调查结果，修复导致泄露的安全漏洞。加强企业的整体安全防护能力，包括更新安全策略、加强员工培训、部署新的安全技术等。

持续改进：从泄露事件中吸取教训，更新企业的安全政策和流程。定期进行安全审计和风险评估，确保企业的安全防护措施始终与时俱进。与法律机构合作，如果泄露涉及违法行为，如黑客攻击或内部人员恶意泄露，企业应积极与法律机构合作，提供必要的证据和信息，协助调查并追究相关责任人的法律责任。

▶【案例分析】

习近平对网络安全和信息化工作作出重要指示，强调深入贯彻党中央关于网络强国的重要思想，大力推动网信事业高质量发展

新华社北京 7 月 15 日电　中共中央总书记、国家主席、中央军委主席习近平近日对网络安全和信息化工作作出重要指示指出，党的十八大以来，我国网络安全和信息化事业取得重大成就，党对网信工作的领导全面加强，网络空间主流思想舆论巩固壮大，网络综合治理体系基本建成，网络安全保障体系和能力持续提升，网信领域科技自立自强步伐加快，信息化驱动引领作用有效发挥，网络空间法治化程度不断提高，网络空间国际话语权和影响力明显增强，网络强国建设迈出新步伐。

习近平强调，新时代新征程，网信事业的重要地位作用日益凸显。要以新时代中国特色社会主义思想为指导，全面贯彻落实党的二十大精神，深入贯彻党中央关于网络强国的重要思想，切实肩负起举旗帜聚民心、防风险保安全、强治理惠民生、增动能促发展、谋合作图共赢的使命任务，坚持党管互联网，坚持网信为民，坚持走中国特色治网之道，坚持统筹发

展和安全,坚持正能量是总要求、管得住是硬道理、用得好是真本事,坚持筑牢国家网络安全屏障,坚持发挥信息化驱动引领作用,坚持依法管网、依法办网、依法上网,坚持推动构建网络空间命运共同体,坚持建设忠诚干净担当的网信工作队伍,大力推动网信事业高质量发展,以网络强国建设新成效为全面建设社会主义现代化国家、全面推进中华民族伟大复兴作出新贡献。

习近平强调,各级党委(党组)要加强组织领导、强化统筹协调,确保党中央关于网信工作决策部署落到实处;各级网信部门要忠于党和人民,勇于担当作为,善于开拓创新,敢于斗争亮剑,甘于拼搏奉献,为推动网信事业高质量发展提供坚强保证。

全国网络安全和信息化工作会议7月14日至15日在京召开。中共中央政治局常委、中央书记处书记蔡奇出席会议并讲话,中共中央政治局常委、国务院副总理丁薛祥出席会议并传达了习近平重要指示。

(资料来源:新华网　发布时间:2023-07-15)

【边学边练】

新媒体企业信息泄露事件模拟课堂练习

情景设置:

假设"某某新媒体公司"遭受了一次信息泄露事件。泄露的数据包括用户账号信息、浏览记录以及一些敏感的内部文档。此事件可能对公司的声誉、用户信任和业务运营造成重大影响。

目标要求:

通过模拟这一事件,让学生体验并了解新媒体企业如何应对信息泄露危机,提高他们的应急响应、危机沟通和团队协作能力。

参与人员:

教师:担任模拟的总导演,提供背景信息,监督进程,并在最后给予反馈。

学生:分组扮演以下角色:

(1)安全团队:负责调查泄露原因,采取紧急技术措施。

(2)管理层:决策通知用户、合作伙伴、监管机构以及媒体的方式和内容。

(3)法律与合规团队:提供法律建议,确保合规性,协助与监管机构的沟通。

(4)公关与媒体团队:准备对外声明,管理媒体关系,维护企业声誉。

实施步骤:

(1)启动与准备:

教师介绍背景信息和模拟规则;学生按角色分组,并讨论各自的初步行动计划。

(2)紧急响应与初步评估:

安全团队开始紧急调查,初步评估泄露的规模和影响。管理层与法律团队讨论法律责任和合规要求。

(3)决策与通知:

管理层根据安全团队的初步报告和法律建议,决策是否及如何通知受影响的用户和合作伙伴。公关与媒体团队准备对外声明,与媒体建立沟通渠道。

(4)深入调查与修复:

安全团队深入调查泄露原因,识别并修复安全漏洞。法律与合规团队与监管机构沟通,确保合规性并提供必要的信息。

（5）用户沟通与支持：

公关与媒体团队发布公开声明，提供用户支持，回答用户疑问。管理层考虑提供补偿措施以减轻用户的不安和损失。

（6）总结与反馈：

各小组分享自己的行动和决策过程，以及遇到的挑战和解决方案。教师提供反馈，强调成功之处和需要改进的地方，讨论学到的经验和教训。

（7）时间安排：

此模拟练习可根据课堂时间进行调整，建议持续时间为1.5~2小时。

（8）准备材料：

角色卡片：详细描述每个角色的职责和背景信息。

情景卡片：提供关于泄露事件的额外信息和挑战，如媒体质疑、用户不满等。

记录工具：白板、纸张或电子设备，用于记录行动和决策。

（9）注意事项：

确保所有学生都清楚自己的角色和职责，并准备好与其他团队协作；鼓励学生在模拟过程中提问、提出想法和解决方案；强调危机情况下的快速决策和有效沟通的重要性；在模拟结束后，留出时间进行全体讨论和总结，以便学生能够从中学习和成长。

任务二　尊重他人的知识产权

【案例导入】

"雅思真题集"著作权侵权案

新东方教育科技集团及其子公司北京新东方大愚文化传播有限公司（以下简称新东方公司）经剑桥大学出版社确认，有权在中华人民共和国独家经销《剑桥雅思官方真题集4－15》系列书刊纸本，新东方公司销售该图书的单本利润为25.6元。2021年6月2日，新东方公司发现在电商平台名为"博世书室"的店铺未经授权，销售且仅销售《剑桥雅思真题4－15》全套商品，销量为28 215本，交易成功金额为188 382元。该网店登记经营者为刘某，实际经营者为郑某，郑某曾多次有偿以刘某或其他人身份信息申请营业执照并注册网店，销售被诉侵权图书。新东方公司认为刘某、郑某侵犯其著作权，请求法院判令刘某、郑某停止侵权，赔偿其200万元经济损失。

一审法院经审理认为，新东方公司系涉案图书在国内的独家授权经销商，享有以出售或者赠与的方式向公众提供作品的原件或者复制件的权利，即排他性发行权。郑某销售侵权复制品侵害了新东方公司能够从经销行为中获取的权益，新东方公司有权制止并要求赔偿损失。刘某、郑某分别作为侵权店铺的登记经营者、实际经营者，均应当承担相应的侵权责任。郑某通过多家店铺销售侵权图书，属于以侵害知识产权为业，应当适用惩罚性赔偿，遂以新东方公司销售涉案图书单本获利25.6元×侵权品销量28 215本为赔偿基数，按照3倍计算惩罚性赔偿额，合计25.6元/本×28 215本×（1＋3）＝2 889 216元，超过了新东方公司200万元的诉讼请求。遂判决郑某赔偿新东方公司200万元，刘某在侵权产品销售额188 382元范围内承担连带责任。

（资料来源：新浪财经）

【案例分析】

本案例是打击网络销售盗版书著作权侵权、适用惩罚性赔偿的典型案件。本案著作权人作出的独家授权销售商确认函,实际上是授权该经销商独家的发行权,经销商发现他人销售同款图书,可以作为原告起诉。本案将实际经营者以他人身份信息恶意注册多家网店售卖盗版图书的行为定性为"以侵犯知识产权为业",将侵权销量与权利人利润作为计算权利人损失的事实依据,并适用3倍惩罚性赔偿,显著提高了售卖盗版图书的侵权成本,有力震慑盗版侵权行为。此外,对登记经营者侵权责任的认定及与实际经营者精细化区分赔偿责任,有助于警醒公众借名开店可能构成知识产权侵权,从而增强全社会尊重和保护知识产权的意识。

尊重知识产权不仅是维护创作者合法权益的需要,更是弘扬创新精神、促进社会进步的重要保障。通过倡导尊重知识产权,可以树立全社会尊重知识、尊重劳动、尊重智慧的良好风气。这种风气的形成将有利于建立法治意识,促进公平竞争环境的形成,推动整个社会朝着知识型经济和创新型国家的方向迈进。只有在一个尊重知识产权、注重创新的环境中,人们才能安心创作、勇于创新,从而为社会的长期发展贡献自己的力量(如图5-2所示)。

图5-2 尊重知识产权

【课堂讨论】

1. 盗版内容在新媒体平台的传播与影响

分析盗版内容在新媒体平台上是如何传播的,以及对内容创作者和整个行业的影响。

2. 新媒体运营者的无意识侵权现象探讨

讨论新媒体运营者在日常工作中可能无意识地涉及的侵权行为及其后果。

3. 转载、分享与盗版的界限在哪里?

探讨新媒体运营中常见的转载、分享行为与盗版行为的法律界限和道德标准。

4. 侵权行为对新媒体行业生态的长远影响

探讨新媒体运营者的侵权行为对整个新媒体行业生态的长远影响,包括创作者激励、创新动力等。

【知识准备】

一、知识产权的含义

知识产权是指个人或团体基于其智力劳动所创造的作品,享有的专属权利。这些作品可以涵盖文学、艺术、科学、工程等各个领域，如文学作品、音乐、软件、专利技术等。知识产权给予创作者保护其劳动成果、创新成果的法律保障，使之能够获得应有的经济和精神回报。因此，尊重知识产权不仅是对创作者劳动成果的尊重，也是对文化创意和科技创新的支持与鼓励。

二、尊重知识产权的重要性

尊重知识产权是维护创作者合法权益的基本原则。只有在知识产权得到尊重和保护的前提下，创作者们才会更加积极地投入创作活动，为社会带来更多新颖和有意义的作品。知识产权制度的完善不仅能提升人们对知识产权的认知，也能激励更多人投身各行业的创新工作。在尊重知识产权的过程中，我们不仅要关注短期利益，更应该注重长远发展，让知识产权成为社会进步和文明发展的强有力保障。

1. 保护创作者的合法权益

尊重知识产权是对创作者辛苦付出所得的成果给予保护和尊重。创作者在进行创作时耗费了大量的时间、心思和精力，他们创造出的作品代表着他们的独特才华和创新活力。如果没有对知识产权的尊重，创作者将面临他人篡改、窃取甚至未经授权的使用，这将严重侵犯他们的利益。只有当创作者得到应有的保护，他们才会更加积极地投入创作中，推动文化艺术的不断进步。

2. 促进创新和知识的持续发展

尊重知识产权可以激励创作者持续不断地进行创新。创作者在享有与其作品相关的权益的同时，也能够获得来自市场的回报。这种回报鼓励了创作者投入更多的时间和精力，推动了知识的不断积累和迭代。同时，创新也需要在知识积累的基础上，尊重知识产权将鼓励人们更多地进行合法学习和借鉴，从而推动知识的传播和扩散。

3. 维护公平竞争和创业环境

知识产权的尊重有助于维护公平竞争和创业环境。在一个尊重知识产权的社会中，创业者和企业能够在公平的基础上进行创新和竞争。他们可以依靠自己的独特优势和创造力来开展业务，而不必担心被不公平竞争的行为所侵害。这将激发更多的人投身于创业和创新，推动社会的经济繁荣和可持续发展。

4. 推动知识产权保护法律和机制的完善

尊重知识产权还有助于推动知识产权保护法律和机制的完善。通过尊重知识产权，人们更加关注知识产权的重要性，并提出相应的改进和完善保护措施。同时，合理地运用知识产权保护法律和机制，可以更好地调整和平衡创作者的权益与公众的利益，促进知识和文化资源的流通和普及。

三、侵犯知识产权的危害

侵犯知识产权的行为严重损害了创作者的合法权益。剽窃行为不仅是对创作者辛勤劳动的不尊重，也损害了整个社会创作环境的健康发展。盗版现象的蔓延，不仅对文化产业造成了重大经济损失，更影响了公众对知识产权保护的认知和重视程度。只有真正尊重他人的知识产权，我们才能建立一个良好的创作环境，推动社会及文化的繁荣发展。

四、尊重知识产权的行为准则

尊重知识产权不仅仅是一种道德责任，更是维护创作者创作热情的基本要求。在当今数字化时代，我们更应当认识到尊重知识产权的重要性。

1. 明确引用与盗版的界限

在使用他人的作品时，无论是文字、图片、音频还是视频，首先要明确引用的合法性。简单的复制粘贴或未经授权的使用很可能构成侵权。确保在使用前获得原作者的授权或明确作品的使用条款。

2. 选择正版资源

在学习、研究或工作中，尽量选择正版资源。购买正版的书籍、软件、音乐和视频，避免使用盗版资源。这不仅是对原创作者的尊重，也能确保所获取信息的准确性和完整性。

3. 建立内部知识产权管理制度

对于企业或组织来说，建立内部的知识产权管理制度至关重要。这包括明确员工在知识产权方面的职责和义务，制定相关政策和流程，以及定期进行知识产权培训和宣传。

4. 合理标注来源

在引用他人的作品时，一定要合理标注来源。无论是学术研究、新闻报道还是社交媒体发帖，都应该注明原作者、作品名称和出处。这既是对原作者的尊重，也有助于读者追踪和验证信息的来源。

5. 培养知识产权意识

最后，要培养全社会的知识产权意识。通过教育、宣传和法律等手段，提高公众对知识产权重要性的认识。只有当每个人都意识到尊重和保护知识产权的重要性时，我们才能共同构建一个更加公平、创新和繁荣的社会。

【案例分析】

盗录春节档电影？打击院线电影侵权盗版在行动

《满江红》《流浪地球2》《熊出没·伴我"熊芯"》等2023年春节档电影，被盗录成"枪版"电影后，通过技术手段提升画质，在非法网站、App上架或通过网店出售。

针对春节档院线电影集中上映，存在盗录盗映和网上传播的风险，2023年春节前夕，国家版权局、国家电影局、公安部、文化和旅游部相关部门联合部署开展院线电影版权保护专项工作，提前防范、严厉打击春节档等重点档期院线电影的侵权盗版行为。

在公安部食药侦局统筹组织下，浙江、辽宁、山东公安食药侦部门紧密协作，联合破获"1·25"盗录春节档院线电影案，抓获犯罪嫌疑人28人，捣毁涉案非法网站、App、网店32个，成功摧毁非法盗录、制作加工、网络销售盗版电影犯罪链条网络。

盗录与传播"枪版"电影，使优质作品无法得到应有回报，损害电影产业的健康发展。4月26日是世界知识产权日，这一天的意义不仅在于提高公众对知识产权保护的认识和意识，更重要的是保护创作者的劳动成果、维护公平竞争的市场环境。加强对盗录与传播"枪版"电影的打击，促进电影产业发展、电影艺术繁荣，保障消费者合法权益，需要各部门和全社会的共同努力。

（资料来源：新华网）

【边学边练】

新媒体企业被侵权事件模拟课堂练习

情景设置：

假设"某某传媒"是一家专注于数字内容传播的新媒体企业。近期，该公司发现其原创的文章、图片和视频内容被另一家新媒体平台"某传网"无授权转载和使用，造成了严重的知识产权侵权。

目标要求：

通过模拟这一被侵权事件，让学生体验并了解新媒体企业在面对侵权时如何采取应对措施，培养他们的危机应对、法律意识和团队协作能力。

参与人员：

教师：担任模拟的总导演，提供背景信息，监督进程，并在最后给予反馈。

学生：分组扮演以下角色：

（1）某某传媒团队：包括内容创作者、法务人员和管理层。

（2）某传网团队：包括内容编辑、法务人员和管理层。

（3）法律专家：第三方角色，为双方提供法律咨询。

实施步骤：

（1）事件发现与初步评估：

某某传媒团队发现被侵权内容，并初步评估侵权规模和影响；管理层召开紧急会议，讨论可能的应对策略。

（2）证据搜集与法律分析：

法务人员搜集侵权证据，进行法律分析，并准备维权所需的材料；法律专家提供初步法律意见，指导某某传媒团队下一步行动。

（3）联系侵权方与初次沟通：

某某传媒团队通过正式渠道联系某传网团队，指出侵权行为并提出要求；某传网团队接到通知后，内部讨论应对策略。

（4）谈判与协商：

双方进行谈判，就侵权事实、法律责任和赔偿等问题展开协商；法律专家在必要时提供法律支持和建议。

（5）采取法律行动：

如果协商无果，某某传媒团队决定采取法律行动，向法院提起诉讼；某传网团队准备应诉，并考虑可能的和解方案。

（6）公众声明与舆论管理：

某某传媒团队发布公众声明，阐述事件经过和维权立场。某传网团队也发布声明，回应指控并表明态度。双方均需管理舆论，避免负面影响扩大。

（7）总结与反馈：

模拟结束后，各小组分享经验和教训。教师提供反馈，强调尊重知识产权的重要性以及危机应对中的关键点。

准备材料：

角色卡片：包含每个角色的基本信息和职责。

侵权内容清单：列出被侵权的文章、图片和视频的详细信息。

法律条款和案例资料：供法务人员和法律专家参考。

记录工具：用于记录谈判和协商过程。

注意事项：

确保学生了解知识产权的基本概念和法律规定；鼓励学生从不同角度思考问题，培养同理心和协商能力；在模拟过程中，教师应适时给予引导和建议，确保模拟顺利进行。

任务三　依法依规运营

【案例导入】

多位百万、千万级主播被封！他们都踩了哪些"红线"？

2023年7月以来，短短一个月出头的时间里，已有多位百万，甚至千万级粉丝量的一线网红自媒体账号，先后被主流平台封禁。

2023年9月2日，有1 200万粉丝的网红主播"秀才"账号被封禁。就在几天前，8月31日，粉丝数逾200万的车评人"蔡老板"被封号也冲上热搜。8月中旬，拥有超过4 800万粉丝的某短视频平台头部主播"二驴的"被无限期封号……

这些自媒体"大号"被封，有的是因为被举报存在违法行为，有的是捏造虚假事实，还有的是因为"编造剧本进行摆拍直播"，归根结底都是一条：踩到了"红线"。

【案例分析】

中国互联网络信息中心发布的《第53次中国互联网络发展状况统计报告》显示，截至2023年12月，我国网民规模达10.92亿，互联网普及率达77.5%。

超大规模的网民数量蕴含着巨大的商机，也让"自媒体"成为一个从业者数以百万计的庞大行业。根据艾瑞咨询的数据，截至2021年，我国全职从事"自媒体"的人数已达370万人，算上兼职人数已达970万。他们在不断满足人们信息需求和服务的同时，自身也收获了流量和经济利益。

第53次中国互联网络发展状况统计报告

然而，在享受互联网红利的同时，部分"自媒体"秉持"流量至上"，挖空心思地想要"走捷径"，专戳用户的痛点、爽点，或传播虚假信息，或制作发布谣言，严重污染了网络生态，甚至违反了法律法规。

当前，我国已相继出台了《中华人民共和国网络安全法》《互联网群组信息服务管理规定》《互联网直播服务管理规定》《互联网跟帖评论服务管理规定》《关于加强自媒体管理的通知》等法律法规、部门规章，为自媒体从业者划定了法律"红线"，也使自媒体运营有法可依，有规可循。

【知识准备】

一、明确法律法规要求

新媒体企业在运营之初，就应明确国家相关的法律法规要求，如《互联网信息服务管理办法》《网络安全法》等。确保企业运营行为在法律框架内进行,不触碰法律红线。

二、建立健全内部管理制度

新媒体企业应建立一套完善的内部管理制度,包括内容审核、用户管理、数据安全等方面。通过制度规范员工行为,确保企业运营过程中的各个环节都符合法律法规的要求。

三、加强内容审核与监管

新媒体平台是信息传播的重要渠道,因此应加强对发布内容的审核与监管。建立专业的审核团队,制定严格的内容审核标准,确保平台上的信息真实、准确、合法。同时,对于用户举报的违规内容,应及时处理并予以回应。

四、保护用户数据与隐私

新媒体企业在运营过程中会收集到大量用户数据,应严格遵守数据保护法律法规,确保用户数据的安全与隐私。采取加密、脱敏等技术手段保护用户数据,避免数据泄露和滥用。

五、规范商业行为与合作

新媒体企业在进行商业合作时,应遵守商业道德和法律法规,不进行虚假宣传、不正当竞争等违法行为。与合作方签订正规合同,明确双方权利义务,防范法律风险。

六、建立法律风险防范机制

新媒体企业应建立法律风险防范机制,定期进行法律风险评估和自查自纠。对于发现的法律风险点,及时采取措施进行整改,确保企业运营行为的合规性。

七、加强员工法律培训与教育

提高员工的法律意识是新媒体企业依法依规运营的关键。企业应定期组织员工进行法律培训与教育,让员工了解相关法律法规要求,明确自身职责与义务。通过培训教育,提升员工的合规意识和风险防范能力。

【案例分析】

《关于加强"自媒体"管理的通知》

中央网信办发布《关于加强"自媒体"管理的通知》,从严防假冒仿冒行为、加强信息真实性管理、规范账号运营行为、完善粉丝数量管理措施等 13 个方面,对加强"自媒体"管理提出了明确的要求,也划定了"红线"。

(1) 严防假冒仿冒行为。网站平台应当强化注册、拟变更账号信息、动态核验环节账号信息审核,有效防止"自媒体"假冒仿冒行为。对账号信息中含有党政军机关、新闻媒体、行政区划名称或标识的,必须人工审核,发现假冒仿冒的,不得提供相关服务。

(2) 强化资质认证展示。对从事金融、教育、医疗卫生、司法等领域信息内容生产的"自媒体",网站平台应当进行严格核验,并在账号主页展示其服务资质、职业资格、专业背景等认证材料名称,加注所属领域标签。对未认证资质或资质认证已过期的"自媒体",网站平台应当暂停提供相应领域信息发布服务。

（3）规范信息来源标注。"自媒体"在发布涉及国内外时事、公共政策、社会事件等相关信息时，网站平台应当要求其准确标注信息来源，发布时在显著位置展示。使用自行拍摄的图片、视频的，需逐一标注拍摄时间、地点等相关信息。使用技术生成的图片、视频的，需明确标注系技术生成。引用旧闻旧事的，必须明确说明当时事件发生的时间、地点。

（4）加强信息真实性管理。网站平台应当要求"自媒体"对其发布转载的信息真实性负责。"自媒体"发布信息时，网站平台应当在信息发布页面展示"自媒体"账号名称，不得以匿名用户等代替。"自媒体"发布信息不得无中生有，不得断章取义、歪曲事实，不得以拼凑剪辑、合成伪造等方式，影响信息真实性。

（5）加注虚构内容或争议信息标签。"自媒体"发布含有虚构情节、剧情演绎的内容，网站平台应当要求其以显著方式标记虚构或演绎标签。鼓励网站平台对存在争议的信息标记争议标签，并对相关信息限流。

（6）完善谣言标签功能。涉公共政策、社会民生、重大突发事件等领域谣言，网站平台应当及时标记谣言标签，在特定谣言搜索呈现页面置顶辟谣信息，运用算法推荐方式提高辟谣信息触达率，提升辟谣效果。

（7）规范账号运营行为。网站平台应当严格执行"一人一号、一企两号"账号注册数量规定，严禁个人或企业操纵"自媒体"账号矩阵发布传播违法和不良信息。应当要求"自媒体"依法依规开展账号运营活动，不得集纳负面信息、翻炒旧闻旧事、蹭炒社会热点事件、消费灾难事故，不得以防止失联、提前关注、故留悬念等方式，诱导用户关注其他账号，鼓励引导"自媒体"生产高质量信息内容。网站平台应当加强"自媒体"账号信息核验，防止被依法依约关闭的账号重新注册。

（8）明确营利权限开通条件。"自媒体"申请开通营利权限的，需3个月内无违规记录。账号主体变更的，自变更之日起3个月内，网站平台应当暂停或不得赋予其营利权限。营利方式包括但不限于广告分成、内容分成、电商带货、直播打赏、文章或短视频赞赏、知识付费、品牌合作等。

（9）限制违规行为获利。网站平台对违规"自媒体"采取禁言措施的，应当同步暂停其营利权限，时长为禁言期限的2~3倍。对打造低俗人设、违背公序良俗网红形象，多账号联动蹭炒社会热点事件进行恶意营销等的"自媒体"，网站平台应当取消或不得赋予其营利权限。网站平台应当定期向网信部门报备限制违规"自媒体"营利权限的有关情况。

（10）完善粉丝数量管理措施。"自媒体"因违规行为增加的粉丝数量，网站平台应当及时核实并予以清除。禁言期间"自媒体"不得新增粉丝，历史发文不得在网站平台推荐、榜单等重点环节呈现。对频繁蹭炒社会热点事件博取关注的"自媒体"，永久禁止新增粉丝，情节严重的，清空全量粉丝。网站平台不得提供粉丝数量转移服务。

（11）加大对"自媒体"所属MCN机构管理力度。网站平台应当健全MCN机构管理制度，对MCN机构及其签约账号实行集中统一管理。在"自媒体"账号主页，以显著方式展示该账号所属MCN机构名称。对于利用签约账号联动炒作、多次出现违规行为的MCN机构，网站平台应当采取暂停营利权限、限制提供服务、入驻清退等处置措施。

（12）严格违规行为处置。网站平台应当及时发现并严格处置"自媒体"违规行为。对制作发布谣言、蹭炒社会热点事件或矩阵式发布传播违法和不良信息造成恶劣影响的"自媒体"，一律予以关闭，纳入平台黑名单账号数据库并上报网信部门。对转发谣言的"自媒体"，应当采取取消互动功能、清理粉丝、取消营利权限、禁言、关闭等处置措施。对未通过资质认证从事金融、教育、医疗卫生、司法等领域信息发布的"自媒体"，应当采取取消互动功能、禁言、关闭等处置措施。

（13）强化典型案例处置曝光。网站平台应当加强违规"自媒体"处置和曝光力度，开设警示教育专栏，定期发布违规"自媒体"典型案例，警示"自媒体"做好自我管理。

（资料来源：光明网）

项目实训

【项目描述】

小李是某企业的外宣工作人员，企业最近要做一系列新品宣传，需要他做出网络安全提前预案，如小李需按照法律法规和企业内部规定，对宣传文章进行审核和修改，确保内容合法合规。新媒体平台收到用户关于数据泄露的投诉，需调查事件原因，评估法律风险，并采取有效措施保护用户数据。

【项目要求】

参与人员：

培训师：负责模拟课堂的组织、引导和总结。

学员：新媒体企业员工，分组扮演不同角色，如内容编辑、运营人员、法务人员等。

要求：

能够深入理解新媒体企业在内容发布、用户管理、商业合作等方面的法律法规要求；提升对敏感话题和法律风险的识别和应对能力；掌握新媒体企业依法依规运营的实际操作方法和技巧；增强团队协作和沟通能力，共同维护企业的合规运营。

实施过程：

（1）角色分配与介绍：培训师根据学员人数和角色需求进行分组和角色分配，并简要介绍模拟场景和任务。

（2）模拟操作与讨论：学员在培训师的引导下，按照各自角色进行模拟操作，并就遇到的问题进行小组讨论和分享。

（3）问题解答与总结：培训师针对学员在模拟过程中遇到的问题进行解答，并总结依法依规运营的关键点和注意事项。

（4）经验分享与反思：学员分享自己在模拟课堂中的经验和收获，并对自身在依法依规运营方面的不足进行反思和改进。

注意事项：

本次模拟课堂练习可根据企业实际情况和需求进行调整和完善，以确保练习效果最佳。同时，建议企业在实际运营过程中定期开展类似的培训和演练活动，不断提升员工的合规意识和风险防范能力。

【项目评价】

评价项目	评价内容及要求	配分	自我评价	小组评价	教师评价	得分
理论知识	掌握日常生活中信息泄露防范措施	5				
	掌握知识产权的重要性	5				
	了解依法运营的法律条款	10				
实操内容	相关法律常识	10				
	对敏感话题和法律风险的识别和应对能力	20				
	企业依法依规运营的实际操作方法和技巧	20				
职业素养	应变能力	10				
	法律常识	10				
	团队合作	10				

项目练习

一、单选题

1. 当你收到一封未知来源的邮件，要求你提供个人信息以验证账户，你应该怎么做？（　　）

   A. 立即提供所需信息以验证账户
   B. 点击邮件中的链接查看更多详情
   C. 直接删除该邮件
   D. 联系相关机构或服务的官方客服确认邮件的真实性

2. 如果你在写一篇文章时引用了他人的研究成果，你应该怎么做？（　　）

   A. 直接引用，无须提及来源
   B. 稍微修改后引用，不提及来源
   C. 明确引用并注明来源
   D. 只引用自己知道的部分，不提及来源

3. 关于新媒体账号依法依规运营，以下哪项说法是正确的？（　　）

   A. 只要内容受欢迎，无须考虑合规性
   B. 合规性会限制新媒体账号的发展和创新
   C. 依法依规运营是新媒体账号长期发展的基础
   D. 新媒体账号无须承担社会责任

4. 新媒体账号在进行商业合作时，以下哪项做法是正确的？（　　）

   A. 无须审查合作方的资质和信誉
   B. 可以夸大宣传效果以吸引合作方
   C. 明确合作内容、期限和费用，并签订合同

D. 合作结束后无须对合作效果进行评估
5. 以下哪种方式更容易导致个人信息泄露？（　　）
A. 使用强密码并定期更换
B. 在多个网站使用相同的密码
C. 开启双重身份验证
D. 定期清理浏览器缓存
6. 以下哪种做法可以更好地保护自己的知识产权？（　　）
A. 不与他人分享自己的创意
B. 及时注册相关的知识产权
C. 只在口头上提及自己的创意
D. 等待他人抄袭后再采取行动
7. 你应该如何处理不再使用的包含个人信息的文件或设备？（　　）
A. 直接丢弃在公共垃圾桶
B. 卖给二手市场
C. 彻底删除个人信息后再处理
D. 赠送给朋友或家人
8. 关于知识产权的以下说法中，错误的是？（　　）
A. 知识产权是一种无形的财产权
B. 知识产权只包括专利权和商标权
C. 知识产权需要得到法律的保护
D. 侵犯知识产权可能导致法律责任

二、简答题
1. 在新媒体平台上发布内容时，如何避免侵犯他人的知识产权？
2. 当新媒体账号收到用户投诉或举报时，应如何处理以确保依法依规运营？